李根培 詩書畫

살다가 보면

김종천 엮음

국립중앙도서관 출판시도서목록(CIP)

살다가 보면 : 김종천 엮음. — 서울 : 한누리미디어, 2011
p. ; cm

ISBN 978-89-7969-415-4 03650 : ₩15000

한국 현대시[韓國 現代詩]

811.62-KDC5
895.714-DDC21 CIP2011005704

李根培 詩書畫

살다가 보면

김종천 엮음

한누리미디어

'살다가 보면' 을 엮으며

1960년대 대한민국의 문학 열기는 지금과는 달리 아주 뜨거웠다 그 시절에 신춘문예 5관왕, 문공부 신인예술상 시 · 시조부문 수석상, 1964년에는 그 유명한 〈노래여 노래여〉로 문공부 신인예술상 특상까지 수상한 사천(沙泉) 이근배(李根培) 시인은 당시의 문인 지망생들에겐 선망의 대상의 높은 봉우리였으며 젊은이들의 우상으로 우뚝 자리하였다. 그로부터 50년이 지나도록 우리 문학의 찬란한 금자탑으로 열정과 패기와 성취를 이뤄내시며 아직도 문학청년의 불꽃 의지를 사그라뜨리지 않고 왕성한 활동을 계속하고 계신다.

나는 영광스럽게도 1967년 여름에 참으로 운 좋게 선생님을 처음 뵙게 되었다. 수색(水色)에 거주하시던 김현승(金顯承) 시인을 찾아뵈었는데 대한민국 알짜배기 시인들이 저기 한 무더기 있으니 인사나 해두라며 같이 가자 하셨다.

같은 동네의 이동주 시인 댁으로 이미 그곳에선 '문인섰다판' 이 거행되고 있었다. 1955년 조선일보 신춘문예에 〈휴전선〉 당선으로 널리 알려진 박봉우 시인을 비롯하여 이근배 시인, 이성부 시인, 조태일 시인, 이탄 시인, 광주에서 왔다는 박경석 시인, 이동주 시인의 사모님 되시는 최미나 작가님에게까지 인사를 드렸다.

우여곡절 끝에 나는 1982년『월간문학』을 통하여 등단을 하고 그야말로 문단말석의 신인 시절인 1983년 같은 '미래시(未來詩)' 동인인 강병석 시인의 초대로 남산도서관에서 개최하는 시낭송회에 갔다가 거기에서 문학강연을 하러 오신 이근배 시인을 만났다. 16년이란 긴 세월이 흘렀는데도 남다른 기억력을 소유하신 분이라 금방 알아봐 주셨다.

엉겁결에 호칭을 선배님이라 불렀고 오늘에 이르기까지 그렇게 부르며 적지 않은 관계로 분에 넘치는 가르침과 도움을 받아만 왔다.

지난 가을『포스트모던』겨울호를 준비하며 나는 이근배 시인께 사진 한 장을 부탁하니 무슨 일이냐(?)고 하셨다. 올해에 '은관문화훈장' 도 서훈하시고, '만해대상' 도 수상하시고, 시비(詩碑)도 세 곳에나 세워졌다 하셨으니 기념으로 한 페이지 올려야겠다 하니까 "내가 무슨 얼굴마담인가?" 하시며 허허 웃으셨다.

사진촬영이 끝나고 잠깐 차 한잔을 마실 때 "등단 50주년 기념 어찌 하시냐?" 고 물으니

김종천
(시인, 포스트모던 주간)

"모두들 살기 힘들어하는 모습들 보니까 썩 내키지가 않아서 그냥 흘려 보내겠다" 하셨다.

"조촐하게 시화전이나 한 번 하시지요?" 했더니 고개를 내저으신다. 곳곳에서 개최되는 시화전이 그림의 들러리로 시의 품격(品格)이 너무 볼썽 사납다시며 개탄이 이만저만이 아니었다. 갑자기 장소잡기가 만만치 않겠으나 "선배님의 붓농사와 함께 겸손한 의미를 담아 한 번 펼쳐봅시다" 하였더니 "생각해 보자" 하셨다.

그 말이 계기가 되어 선생님의 명성에 걸맞진 못하지만 뜻이 이뤄져서 참 기쁘다.

자신의 시를 손수 붓으로 전시작품 전부를 쓰시는 걸 보면서 조선 선비정신의 참된 자세가 재현되는 엄정함을 맛본다. 저승에 계시는 공초, 미당, 동리, 노산, 가람, 구상, 편운, 월하 선생 등이 한 데 모여 흐뭇한 미소를 짓고 계실 것만 같다.

선생님의 할아버지께서 허겁지겁 달려오셔서 대견해 한 말씀하시고 당진골 사랑방 뒤켠의 미루나무에 까치 한 마리 싱그럽게 소리치고 있는 착각에 빠지는 순간, 격식에 얽매이지 않고 차분하게 써 내려가는 저 모습, 이번의 시서화전은 이 과정만으로도 너무나도 가슴 벅차다. 그 바쁜 시간을 쪼개어 여유와 넉넉함이 넘친다. 간간이 들려주시는 할아버지의 추억담은 너무나도 소중한 우리들의 전설이다.

'사천 이근배 시인 등단 50주년기념 시서화' 출간을 제안하니 "자기가 다 알아서 하라" 하신다. 언제나 한결같은 선생님이 미처 깨닫기도 전에 '큰 어른' '큰 스승' 으로 오래 전부터 자리하고 계심을 이번에 알아차렸다. 아무리 허물없이 대해 주시더라도 이제 호칭을 '선생님' 으로 하리라 다짐하면서 내가 아는 시인들로 선생님과 인연 있는 사람을 선택하여 수록 시인을 확정하자니 제한적일 수밖에 없고 무엇보다 시간이 촉박하여 선생님께 누가 되지 않을까 걱정이다.

많은 어려움을 안고 있는 요즘에 출간일정까지 빠듯한데 선뜻 출판을 맡아준 한누리미디어 김재엽 사장한테 고맙다는 인사 드린다.

나의 뜻 못지않게 평소 이근배 시인을 존경하는 김 사장의 마음이 더 크게 작용했을 것이라 믿으면서….

李根培 詩人 要覽

약력

1960　서라벌예대 문예창작과 수학
1961~64　경향, 서울, 조선, 동아, 한국 각 일간지 시, 시조 동시 당선
1968~76　동화출판사 주간
1973~75　한국문인협회 시조분과 위원장
1976~84　월간 한국문학 발행인 겸 주간
1994~96　한국시조시인협회 회장
1997~10　지용회 회장
1998~06　재능대학 초빙교수
1999~現　공초 숭모회 회장
2002~04　사단법인 한국시인협회 회장
2003~現　만해학교 교장
2006~現　신성대학 석좌교수
2006~現　현대시조포럼 의장
2007~現　계간 문학의 문학 주간
2008~現　(사)심훈 상록수 기념사업회 공동대표
2008~現　대한민국예술원 회원

상훈

문공부신인예술상 시부, 시조부 수석상(1963)
문공부신인예술상 문학부 특상(1964)
가람시조문학상(83)
중앙시조대상(1987)
한국문학작가상(87)
육당문학상(1997)
월하문학상(99)
편운문학상(2000)
현대불교문학상(2002)
시와사학작품상(2004)
유심작품상(2007)
고산문학상(2010)
만해 대상 문학부문(2011)
은관문화훈장 서훈(2011)

저서

사랑을 연주하는 꽃나무(60), 노래여 노래여(1981), 동해바다 속의 돌거북이 하는 말(1982), 한강(1985), 시가 있는 국토기행(1997), 사람들이 새가 되고 싶은 까닭을 안다(2004), 종소리는 끝없이 새벽을 깨운다(2006), 달은 해를 물고(2006), 사랑 앞에서는 돌도 운다(2008)

이근배 시인 근영

李根培 詩書畫

살다가 보면

이근배 시

초대시

전준엽作/ 빛의 정원에서-내일의 태양 · 80.3×116.8㎝ · 캔버스에 유채 · 2011

특별 초대시

사경 · 38×38㎝ · oil on canvas

가국현 | Ga, Kook-Hyun

개인전 19회(서울, 대전, 대구, 파리)
ART FAIR
2011, 2009 화랑미술제(COEX, 서울)
2010~2011 오픈아트페어(COEX, 서울)
2010 뉴욕 아트엑스포(컨벤션센타, US). LA 아트페어(컨벤션센타, US)
2008 부산국제 아트페어(BEXCO, 부산)
2007~2010 KIAF(컨벤션센타, 서울)
2005~2011 한국 구상미술 대제전(예술의 전당, 서울)
2008 KASF(SETEC, 서울). 아트대구(EXCO, 대구) 기획 및 초대전 다수
한국미협, 대한민국 현대 인물 화가회, 창형전, 씨올회
대전광역시 운영위원 및 심사위원 역임, 대한민국 미술대전 심사위원 역임
대전광역시 초대작가

베끼는 일은 또한 벗기는 일도 되는
지요 석가님 공자님 예수님 하신 말
씀 그리 오래 많은 사람들이 베끼고
또 베껴 왔으면 지금쯤 고추 달린 것
같은 알몸을 보여줄 만도 한데요
摩訶般若波羅蜜多心經
法帖을 펴놓고 글자 모양을 흉내내
보지만 먹빛에 가려서인지 그 말씀의
속살은 비치지가 않네요
이천십일년 겨울
졸시 寫經한 절을 李根振 쓰다

사경(寫經)

베끼는 일은 또한/ 벗기는 일도 되는지요.// 석가님, 공자님, 예수님 하신 말씀/ 그리 오래 많은 사람들이/ 베끼고 또 베껴 왔으면/ 지금쯤 고추 달린 것 같은/ 알몸을 보여줄 만도 한데요.// 마하반야바라밀다심경(摩訶般若波羅蜜多心經)/ 법첩(法帖)을 펴놓고/ 글자 모양을 흉내내 보지만/ 먹빛에 가려서인지/ 그 말씀의 속살은 비치지가 않네요.// 허기야 남이 애써 해놓은 것/ 흘끔흘끔 베끼는 시늉은 해 보았어도/ 어디 길가의 풀꽃 하나/ 돌멩이 하나 내 것이라고는/ 속옷 벗기듯 벗겨본 일이/ 있었던가요.

우주의 그릇 · 8호 · 한지, 캔버스에 먹과 채색

김병종 | Kim, Byeong-Jong

국내외 개인전 20여 회(서울, 파리, 도쿄, 시카고, 브뤼셀, 베를린 등)
미술기자상, 선미술상, 대한민국 기독교 미술상, 대한민국문화상 등 수상.
상 등 수상.
피악(FIAC), 시카고(CHICAGO) 등 국제아트페어 출품.
국내외 저명 미술관에 작품소장.
김병종의 화첩기행 등 저서 10권.
서울대 미대 학장, 서울대 미술관장 등 역임.
현재 : 서울대 미대 교수

하늘이 이보다 높으랴 바다가 이보다
넓으랴 朝鮮白磁 항아리 흰 옷의 백
성들 희고 깨끗한 마음 담아 宇宙의
그릇을 지었구나 어느 天上의 궁궐이
어느 深海의 龍宮이 이렇듯 雄大莊
嚴하랴 꺼지지 않는 白衣의 혼불이
해와 달보다 더 밝구나 오랜 이 땅의
역사 여기 不滅의 塔으로 서 있나니
宇宙안에 또 하나의 宇宙이어라
이천십일년 겨울
졸시 宇宙의 그릇 한 절을 李根培 쓰다

우주의 그릇

하늘이 이보다 높으랴
바다가 이보다 넓으랴

조선 백자 항아리
흰 옷의 백성들
희고 깨끗한 마음 담아
우주의 그릇을 지었구나

어느 천상의 궁궐이
어느 심해의 용궁이
이렇듯 웅대장엄하랴

꺼지지 않는 백의의 혼불이
해와 달보다 더 밝구나
오랜 이 땅의 역사
여기 불멸의 탑으로 서 있나니
우주 안에 또 하나의 우주이어라

겨울행 · 40.9×31.8㎝ · oil on canvas

김순영 | Kim, Soon-Young

개인전 13회
2009 한국현대미술 유망작가 초대전(서울미술관)
KIFA 필리핀교류전(한국 · 필리핀 Multi Group Show, Angeles Clark Museum)
미주 한인 이민 1백주년 기념전(Korea Art Festival 2003, LA Hyun' s Art Gallery)
한국구상작가-중국 사천성 국립미술관 초대전
2010 한국현대미술의 신르네상스전(공평갤러리) 외 150여 회 및 아트페어 다수
대한민국미술대전 2회 입선(과천 국립현대미술관)
목우회공모미술대전 4회 입선(과천 국립현대미술관)
서울미술전람회 우수상(서울시립미술관 경희궁본관)외 다수 수상
2006~2008 청와대 작품6점 소장, MBC 드라마 '문희', '에덴의 동쪽' 작품 협찬
현재 : 한국미협 서양화분과 이사. 노원미협 이사. 서울아카데미회. 대한민국회화제. 호성미술제 운영위원장. 한국녹색미술회 사무국장

나는 술 취한 듯 눈길을 갑니다 雪害木 쓰러진 자리 당신의 언 발이 짚어 가던 발자국이 남은 그 땅을 찾아서 갑니다 헌 누더기 옷으로도 추위를 못 가리시던 어머니 연기 속에 눈 못 뜨고 때시던 생솔의 타는 불꽃의 저녁 나절의 모습이 자꾸 떠올려지는 눈이 많이 내린 이 겨울 나는 취해서 자꾸 비틀거립니다 이천십일년 겨울

졸시 겨울행의 한 절을 이근배 쓰다

겨울행

대낮의 풍설은 나를 취하게 한다/ 나는 정처없다/ 산이거나 들이거나 나는 비틀걸음으로 떠다닌다/ 쏟아지는 눈발이 앞을 가린다/ 눈발 속에서 초가집 한 채가 떠오른다// 아궁이 앞에서 생솔을/ 때시는 어머니// 어머니/ 눈이 많이 내린 이 겨울/ 나는 고향엘 가고 싶습니다/ 그 곳에 가서 다시 보고 싶은 것이 있습니다/ 여름날 당신의 적삼에 배이던 땀과/ 등잔불을 끈 어둠 속에서 당신의 얼굴을 타고 내리던/ 그 눈물을 보고 싶습니다/ 나는 술 취한 듯 눈길을 갑니다/ 설해목 쓰러진 자리 생솔 가지를 꺾던 눈밭의/ 당신의 언 발이 짚어 가던 발자국이 남은/ 그 땅을 찾아서 갑니다/ 헌 누더기 옷으로도 추위를 못 가리시던 어머니/ 연기 속에 눈 못 뜨고 때시던 생솔의, 타는 불꽃의, 저녁나절의/ 모습이 자꾸 떠올려지는/ 눈이 많이 내린 이 겨울/ 나는 자꾸 취해서 비틀거립니다.

산 · 23×36㎝ · 한지에 채색

김옥희 | Kim, Ok-Hee

개인전3회(인사아트센터, 미리엄갤러리, 파리, 갤러리 라메르)
부스개인전10회 및 초대전 다수(한국, 미국, 중국, 일본, 프랑스, 홍콩, 독일, 스위스 등)
칼슈르에 아트페어(독일), 제네바 아트페어(스위스), LA 아트페어(미국), 상하이 아트페어(중국), 홍콩 국제 아트페어(홍콩), 동경 탑갤러리호텔 아트페어(일본), A&C 아트페어(서울미술관) 등 다수
대한민국미술대전 한국화부문 특선, 여성작가 공모전 동양화부문 금상
전국서예올림픽 문인화부문 특선, 경향신문 공모전 한국화부문 2회 입선
전국소치미술대전 동양화부문 특선, 단원미술제공모전 한국화부문 입선
현재 : 한국미협, 강남미협, 대한미협, 아트피아회, 묵경회, 예연회, 예묵회, 한국여성미술작가회, 동방예술연구회 회원

다시는 외치지 않는다 부르지도 않는다
꽃 피고 꽃 지는 그 많던 날의 설레
임도 지금은 깊은 꿈속에 흐느낌
으로 듣는다
떠나서 산으로 간 아니 永遠으로 간 그
끝없는 슬픔의 아아 눈 시린 사랑
산이여 난 건널 수가 없다 나는 다
헤일 수가 없다 이천십일년 겨울
졸시 山을 李根培 쓰다

산(山)

다시는 외치치 않는다 부르지도 않는다
꽃 피고 꽃 지는
그 많던 날의 설레임도
지금은 깊은 꿈속에 흐느낌으로 듣는다

떠나서 산으로 간, 아니 영원으로 간
그 끝없는 슬픔의
아아 눈 시린 사랑

산이여
나는 건널 수가 없다
나는 다 헤일 수가 없다

잔 · 8호 · pastel on paper

박진영 | Park , Jin-Young

작가 박진영은 pastel(파스텔)화의 재료적 특성을 바탕으로 자연이 가지는 따스한 생명력을 독창적인 작업으로 승화하는 작가로 알려져 있다.
국 · 내외의 여러 특별전 및 활발한 그룹전을 통하여 높은 평가를 받는 작가이다.

잔(殘)

풀이 되었으면 싶었다
한 해에 한 번쯤이라도 가슴에
꽃을 달고 싶었다
새가 되었으면 싶었다
봄, 여름, 가을, 겨울을
목청껏 울고 싶었다
눈부신 빛깔로 터져 오르지는 못하면서
바람과 모래의 긴 목마름을 살고
저마다 성대는 없으면서
온몸을 가시 찔리운 채 밤을 지새웠다
무엇하러 금세기에 태어나서
빈 잔만 들고 있는가
노래를 잃은 새대의 노래를 위하여
모여서 서성대는가
잠시 만났다 헤어지는 것일 뿐
가슴에 남은 슬픔의 뿌리 보이지 않는다

물소리 · 43×35㎝ · 한지에 채색

박향환 | Park, Hang-Hwan

한국의 자연전 초대 출품(국립현대미술관)
현대 미술 초대 작가전(국립현대미술관)
한국 전통 산수화전(국립현대미술관
대한민국 미술대전 심사위원 3회, 운영위원 3회
한국 예총 예술문화상 대상 수상(미술부문)
2008 우림화랑 초대전
제2회 북경비엔날레 출품(중국 북경)
한겨레신문사 초대전(세종문화회관)
대한민국 남농미술대전 운영위원장
현재, 한국화협회 회장

물소리

하룻밤 베고 자던 물소리가
지리산을 떠나 구례 장터께로 달아나던 물소리가
불기둥 같은 사랑에 뎁혀지던 물소리가
눈이 온다 하고 뒤에서 부르더니
죽로다향 혀끝에도 스미더니
서울행 특급 입석으로 따라와선
어젯밤 꿈 속의 띠앗이다가
오늘 아침 출근도 하고.

문 · 38×47㎝ · 한지에 수묵

변영혜 | Byun, Young-Hye

서울대학교 미술대학 회화과 졸업. 서울대학교 미술대학원 동양화전공 졸업
미국 Fashion Institute of Technology 수학
개인전 10회(최갤러리, 갤러리이콘, 갤러리21, 인데코갤러리, 진흥갤러리, 갤러리정 등)
국내외 그룹전 및 단체전 200여 회(한국, 일본, 중국, 태국, 독일, 프랑스, 스페인, 터키, 멕시코, 미국). 대한민국 기독교미술대전 연2회 우수상 수상. 동아미술제 입상
Figuration Critique 선정(그랑팔레, 파리)
협성대학교 예술대학 미술학과 겸임교수 및 한양대, 경희대, 인하대, 인천대 강사 역임
현재 : (사)한국미술협회 이사, 광림미술인선교회 회장, 하늘미술발전소 대표,
한국기독교미술인협회, 한국미술인선교회, 아트미션, 성서미술선교회,
한국화여성작가회, 형색인 회원

한밤중누가門을두드리고문
짝이떨어져서쏟아져들어온電
池불빛에눈을못뜨던버릇은
머리맡에펼쳐진공책에검은발
자국이찍히고낯선사람들이돌
아간뒤겨울門風紙처럼떨며
새우잠을자던버릇은자다가도
문득문득잠이깨던버릇은내
가자라서도죽을때까지도영영
문을못믿는이버릇은

이천십일년 겨울

졸시門의한절을李根培쓰다

문

내가 문을 잠그는 버릇은
문을 잠그며
빗장이 헐겁다고 생각하는 버릇은
한밤중 누가 문을 두드리고
문짝이 떨어져서
쏟아져 들어온 전지 불빛에
눈을 못 뜨던 버릇은
머리맡에 펼쳐진 공책에
검은 발자국이 찍히고
낯선 사람들이 돌아간 뒤
겨울 문풍지처럼 떨며
새우잠을 자던 버릇은
자다가도 문득문득 잠이 깨던 버릇은
내가 자라서도
죽을 때까지도 영영 버릴 수 없는
문을 못 믿는 이 버릇은

목련

누이야
네 스무살적
이글거리는 숯불
밤마다 물레질로
뽑아 올리던 슬픔
누이야 네 명주빛 웃음이
눈물처럼 피었다

시 이근배

우현 화

목련 · 38×47㎝ · 한지에 수묵

송영방 | Song, Young-Bang

서울대학교 미술대학 회화과 졸업
국내외 개인전 및 그룹전 등 다수(한국, 일본, 중국, 인도, 이탈리아, 영국, 프랑스 등)
수상 : 1960 대한민국 미술전람회 특선, 1996 서울특별시 문화상
역임 : 1968 대한민국 미술전람회 심사위원, 1976~1994 사단법인 월전미술관 이사
1980~2003 동국대학교 예술대학 교수, 1999~2000 동국대학교 예술대학 학장
2003 동국대 예술대학 명예교수, 1984 대한민국 미술대전 심사위원
2003~현재 서울시립미술관 운영위원회 자문위원
2005 경향신문사 주최 미술대전 심사위원장
2008 조선일보 이중섭미술상 심사위원

목련

누이야
네 스무 살 적
이글거리던 숯불

밤마다 물레질로
뽑아 올리던 슬픔

누이야
네 명주빛 웃음이
눈물처럼 피었다

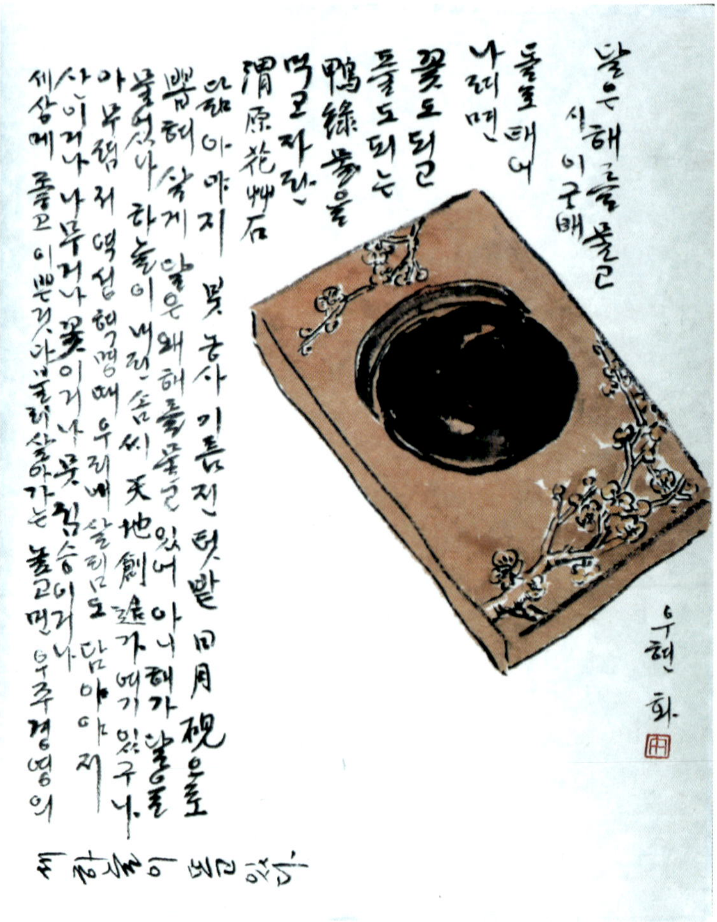

달은 해를 물고 · 38×47㎝ · 한지에 수묵

송영방 | Song, Young-Bang

서울대학교 미술대학 회화과 졸업
국내외 개인전 및 그룹전 등 다수(한국, 일본, 중국, 인도, 이탈리아, 영국, 프랑스 등)
수상 : 1960 대한민국 미술전람회 특선. 1996 서울특별시 문화상
역임 : 1968 대한민국 미술전람회 심사위원. 1976~1994 사단법인 월전미술관 이사
1980~2003 동국대학교 예술대학 교수. 1999~2000 동국대학교 예술대학 학장
2003 동국대 예술대학 명예교수. 1984 대한민국 미술대전 심사위원
2003~현재 서울시립미술관 운영위원회 자문위원
2005 경향신문사 주최 미술대전 심사위원장
2008 조선일보 이중섭미술상 심사위원

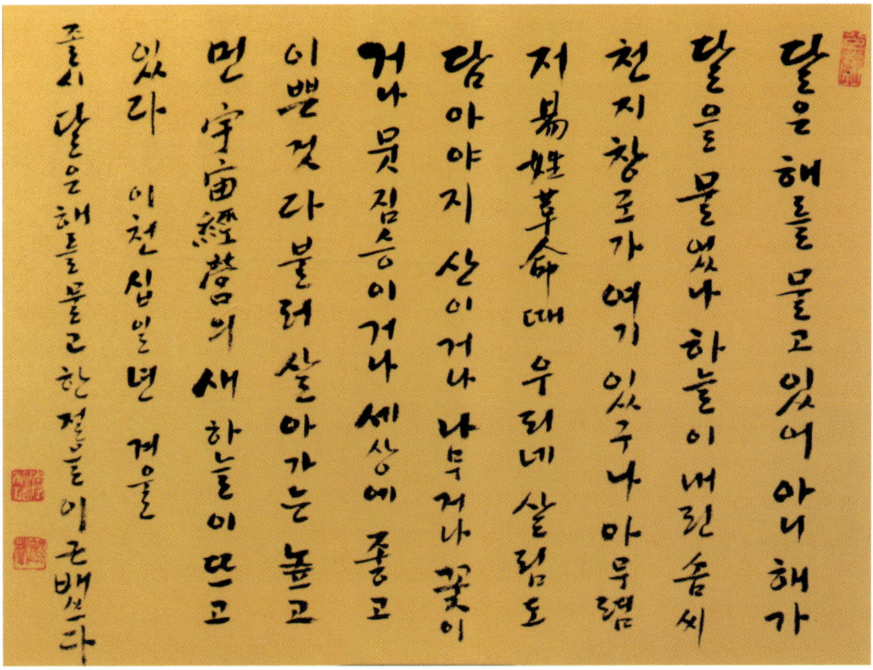

달은 해를 물고

—벼루 읽기

돌로 태어나려면
꽃도 되고 풀도 되는

압록 물을 먹고 자란
위원화 초석 닮아야지

붓농사 기름진 텃밭
일원연으로 뽑혀 살게

달은 해를 물고 있어
아니 해가 달을 물었나

하늘이 내린 솜씨
천지창조가 여기 있구나

아무렴 저 역성혁명 때
우리네 살림도 담아야지

산이거나 나무거나
꽃이거나 뭇짐승이거나

세상에 좋고 이쁜 것
다 불러 살아가는

높고 먼 우주 경영의
새 하늘이 뜨고 있다

부침 · 40.9×31.8㎝ · oil on canvas

신문용 | Shin, Moon-Yong

홍익대학교 서양화과 및 동 대학원 졸업. 개인전 32회
2011 제네바 아트페어(스위스). 아름다운 물길전(한가람 미술관, 서울). LA 아트페어
2010 Fine Art Asia(홍콩). 한국 국제 드로잉전(한가람 미술관, 서울)
2010 한국 미술 70인전(한가람 미술관, 서울)
2009 원더풀 미술(일민미술관, 서울). 한국 미술 100인전(세종문화회관, 서울)
2009 서울 시립 미술관 신 소장품전
2008 서울 오픈 아트페어(SOAF) 특별전(COEX, 서울). 골드아이 선정 작가전(COEX, 서울)
2008 한국 국제 아트페어(KIAF)(COEX, 서울)
2007 한국 미술의 단면전(주영 문화관, 런던)

부침(浮沈)

잠들면 머리맡은 늘 소리 높은 바다
내 꿈은 그 물굽이에 잠겨들고 떠오르고
날 새면 뭍에서 멀리 떨어진 아아 나는 외로운 섬
철썩거리는 이 슬픈 시간의 난파(難破)
내 영혼은 먼 데 바람으로 밤새워 울고
눈 뜨면 모두 비어 있는 홀로뿐인 부침(浮沈)의 날.

근황 · 65×65㎝ · 모시, 자개

신지원 | Shin, Ji-Won

숙명여자대학교 대학원 회화과 졸업
1990~11 개인전 26회(시드니. 일본. 한가람미술관. 인사아트센터)
1981~87 제30회 국전 특선 및 입선 6회(국립 현대 미술관)
2007 NAAF 2007(일본, 후쿠오카 컨벤션센터). 2008 韓 · 中 여성화가초대전(북경, 한국문화원). 2009 서울오픈아트페어(COEX, 인도양홀). 2010 FADA LA ART SHOW(LA, Convention Center). ART ASIA MIAMI(Miami Pavilion). 2011 SCOPE BASEL(Kaserne Basel, Klybeckstrasse) 기타 그룹전 및 초대전 426여 회. 1999~2010 대한민국 미술대전, 용산국제미술제 심사위원장, 신사임당 미술대전, 구상전공모대전, 여성미술제. 메트로미술대전 심사위원 역임. 2010 안견미술대전 운영위원. 2006 한국문화 미술상 수상. 2009 오늘의 작가대상 수상. 작품 소장처 : 국립현대미술관 미술은행. 호암미술관. 삼성의료원. 신현대갤러리. 한방유비스. 대한생명. 보령장업. 영원무역. 현재 : 숙명여자대학교 겸임교수, 제이원조형미술연구소 소장, 숙원회고문. 한국미협 한국화 분과위원장. 춘추회 회장

근황(近況)

—대정 마을의 완당

겨울이 당도한다./ 비어 있는 한 채의 헛간/ 그 곁에 심은 부조의 나무 서너 그루/ 허리가 굽어 있다/ 먹을 갈아도/ 다시 그릴 수 없는 대정 마을/ 산처럼 자란 고요가 낯익다./ 전신에 박힌 슬픔을/ 붓끝으로 도려내기는/ 세한도에서나 한 일/ 부릅뜬 피로 고독을 깎아서/ 한 장 선지를 적셔도/ 검게 풀리는 슬픔을/ 지금은 듣는 이가 없다/ —우선시상(耦船是賞)/ 겨울 이후에도 이전과 같은 그대/ 발길이 끊긴 후/ 나는 붓을 놓고 있다.

수사 · 31.8×31.8㎝ · acrylic on canvas

신 철 | Shin, Cheol

개인전 21회(서울, 광주, 휴스턴 등)
LOS ANGELES ART SHOW(L.A Convention Center, L.A)
한국국제아트페어 KIAF(COEX,서울)
화랑미술제(BEXCO, 부산)
우리 땅, 우리 민족의 숨결전(시립민속박물관, 광주)
취리히 국제 아트페어(콩그레스하우스, 취리히)
역사와 의식, 독도 진경전(서울 옥션 스페이스, 서울)
한국구상대제전(예술의 전당, 서울) 외 기획전 450여 회 참여
대한민국 미술대전 심사위원 및 운영위원 역임
현 : 원광대학교, 강원대학교, 조선대학교 대학원 출강

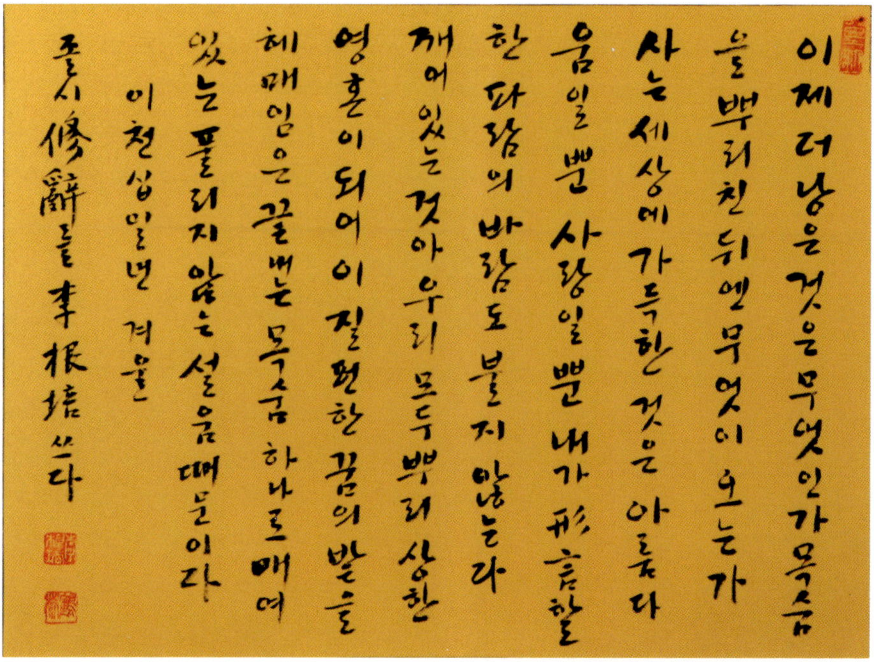

수사(修辭)

이제 더 남은 것은 무엇인가
목숨을 뿌리친 뒤엔
무엇이 오는가
사는 세상에 가득한 것은
아름다움일 뿐
사랑일 뿐
내가 형언할 한 파람의 바람도 불지 않는다
깨어 있는 것아
우리 모두 뿌리 상한 영혼이 되어
이 질펀한 꿈의 밭을 헤매임은
끝내는 목숨 하나로 매여 있는
풀리지 않는 설움 때문이다.

서한집 · 40.9×31.8㎝ · 한지에 수묵담채

유수종 | You, Soo-Jong

홍익대학교 미술대학원 졸업
개인전 : 12회 국내, 독일, LA.
아트페어 : 4회 국내, 상하이, 오사카, 국제전. 단체전. 초대전 다수
목우회 문예진흥원장상 수상, 한국 문인화 대전 대상 수상, 경희대학교 교육인상 수상, 포천 미술상 수상
예술의전당 서예박물관 문인화 강사 역임, 대한민국 미술대전 심사위원 역임
현 : 한국미술협회, 포천미술협회 회원

먹빛으로도 슬픔을 가리지 못
한다 애잦는 밤이 몰려와 물살
을 이는 것은 세월도 떠맡지 못
한다 몇 萬섬의 恨의 못물을
갈아서 먹빛 하나로 天地의 꽃을
지게 하겠느냐 비록 손끝에 떠는
한장 韓紙여도 사랑은 너희 것
이 었느니라 두고 사랑은 너희
것이 었느니라

이천십일년 겨울

졸시 書翰集을 李根培 쓰다

서한집(書翰集)

먹빛으로도
슬픔을 가리지 못한다.

애잦는 밤이 몰려와
물살을 이는 것은
세월도 떠맡지 못한다.

몇 만(萬) 섬의
한(恨)의 못물을 갈아서
먹빛 하나로
천지(天地)의 꽃을 지게 하겠느냐

비록 손끝에 떠는
한 장 한지(韓紙)여도

사랑은 너희 것이었느니라
두고 사랑은 너희 것이었느니라.

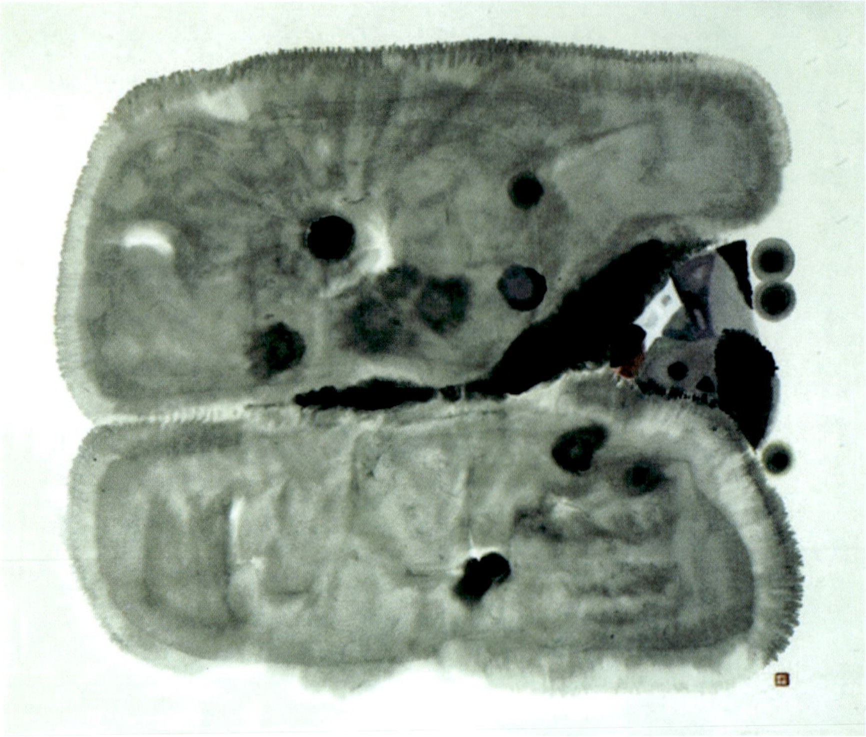

유랑 악사 · 38×47㎝ · 한지에 수묵

이규선 | Lee, Kyu-Sun

서울대학교 미술대학 회화과 졸업
개인전 7회. 1967 현대 한국화 프랑스 순회전(프랑스 예술연맹주관). 한국 현대 회화전(일본 동경 한국문화원). 1968 제10회 상파울로 비엔날레 출품. 1970 인도 뜨리엔날레 출품. 1972 한국 근대 회화전(진화랑 주최, 일본 동경). 1977 현대 한국화 5개국(프랑스, 이태리, 미국, 영국, 스페인) 순회전(문화공보부 주관). 1983 한국 현대 미술전(대만 역사박물관)/ 한국 현대 미술전(이태리, 밀라노). 1986 서울미술대전(국립현대미술관)/ 아세아 현대미술전(국립현대미술관). 1991 현대 한국화 7인전(서울 조선화랑). 1993 현대 한국화전(중국 북경). 1994 한국 현대미술전(세미화랑, 서울)/ 한국화회전 출품(예술의 전당, 한가람미술관). 1995「작업실 탐방」작가전(갤러리가이드 주최, 공평아트센타) 외 다수. 수상 : 1971 경기도 문화상 수상, 1975 국전 추천작가상 수상. 현 : 이화여자대학교 미술대학 교수

유랑 악사

그날 마장천의 검은 물을 네가 흐르게 하고
떠다니는 노래를 불러다가 비가 되게 하고
줄 끊긴 기타는 남아서 지금도 울고 있다
네가 버린 생활의 비린내를 뒤집어 쓰고
나는 겁없이 나이가 들어
십 년을 돌이킬 수가 없구나

풀밭에서 · 45×53㎝ · 천에 채색

이순애 | Lee, Soon-Ae

경희대학교 및 동 대학원 미술학과 졸업
개인전 13회
2011 광화문 국제아트페스티벌(세종문화회관 미술관)
2010 춘추미술상 수상. 서울-도쿄전(주일한국대사관 한국문화원)
2009 한국화의 현대적 변용(예술의 전당). 여성이 본 한국미술(세종문화회관 미술관)
서울 베를린전(베를린 한국문화원). 10인의 자연 · 메시지전(갤러리 우덕)
한국 여성화가 특별 초대전(LA 한국문화원). 한국화 2004년의 오늘(예술의 전당)
21세기 한국화가 초대전(성균관대학교 박물관) 다수의 아트페어 참가(마이애미, 홍콩)
현재 : 한국미협, 전업미술가협회, 춘추회, 한국화 여성작가회, 회토회, 동방예술연구회 회원,
국립안동대학교 강사

풀밭에서

만나는 것마다
헤어지는 것마다
노래 아닌 것이 없다
버려진 들에 무심코 피어난
풀잎 한 오리도
내 한 생애만큼이나 뜨거운
목숨의 가락
만나면 아는 눈빛의
아는 슬픔의 여울이 되는
아, 아 헤어지는 시간,
그 뒤에 남는 모습임에랴

독도 만세 · 43×64㎝ · 한지에 수묵

이종상 | Lee, Jong-Sang

1963 서울대학교 미술대학 회화과 졸업. 1988 동 대학원 철학과(철학박사)

개인전 : 1998 프랑스문부성초대 루브르미술관 설치벽화전

2007 대전시립미술관 '한국현대미술 거장-이종상' 전

단체전 : 1995 백남준 기획 베니스비엔날레 특별전- "The Tiger' s Tail" . 1997 세계 80人화가 선정전 Enrico Navarra, 파리. 2003 제1~2회 북경비엔날레 초대작가 북경박물관. 2006 광주비엔날레 '열풍변주곡' , 광주시립미술관. 2011~현재 메트로포리탄 "한국미술전"(회화 3인 : 김환기, 이우환, 이종상)

수상 : 1962 제11회 국전내각수반상/ 제12회 국전 문교장관상 수상, 2003년도 은관문화훈장 서훈(대통령 2003), 2010 국가유공자 증서 수증 제11-22879호(대통령 2010)

현직 : 서울대학교 미대 명예교수/ 대한민국예술원 회원

독도 만세

하늘의 일이었다/ 처음 백두대간을 빚고/ 해 뜨는 쪽으로 바다를 앉힐 때/ 날마다 태어나는 빛의 아들/ 두 손으로 받아 올리라고/ 여기 국토의 솟을대문 독도를 세운 것은// 누억 년 비, 바람 이겨내고/ 높은 파도 잠재우며/ 오직 한반도의 억센 뿌리/ 눈 부릅뜨고 지켜왔거니/ 이 홀로 우뚝 솟은 봉우리에/ 내 나라의 혼불이 타고 있구나// 독도는 섬이 아니다/ 단군 사직의 제단이다/ 광개토대왕의 성벽이다/ 바다의 용이 된 문무대왕의 뿔이다/ 불을 뿜는 충무공의 거북선이다/ 최익현이다, 안중근이다, 윤봉길이다/ 아니 오천년 역사이다/ 칠천만 겨레이다// 누가 함부로/ 이 성스런 금표를 넘보겠느냐/ 백두대간이 젖을 물려 키운 일본 열도/ 먹을 것, 입을 것을 일러 주고/ 말도 글도 가르쳤더니/ 먼 옛날부터 들고양이처럼 기어와서/ 우리 것을 빼앗고 훔치다가/ 끝내는 나라까지 삼키었던/ 그 죄값 치르기도 전에/ 어찌 간사한 혀를 널름거리는 것이냐// 우리는 듣는다/ 바다 속 깊이 끓어오르는/ 용암의 소리를/ 오래 참아온 노여움이/ 마침내 불기둥으로 솟아오르려/ 몸부림치는 아우성을/ 오냐! 한 발짝만 더 나서라/ 이제 독도는 활화산이 되어/ 일본 열도를 침몰시키리라/ 아예 침략자의 종말을 보여 주리라// 그렇다/ 독도는 사랑이고 평화이고 자유이다/ 오늘 우리 목을 놓아 독도 만세를 부르자/ 내 국토의 살 한 점 피 한 방울도/ 함부로 건드리지 못하게/ 서로 얼싸 부둥켜안고/ 영원한 독도 선언을 외치자/ 하늘도 땅도 바다도 목청을 여는/ 독도 만세를 부르자

절필 · 53×45.5㎝ · acrylic, oil on canvas

이종화 | Lee, Jong-Hwa

1987 배재대학교 미술교육과 졸업
개인전, 초대개인전 국내외 28회(서울, 파리, 도쿄, 베이징, LA 등)
그룹전, 초대기획전 국내외 700여 회(서울, 성남, 뉴욕, 홍콩, 파리 등)
2010 국무총리상 수상(평화예술제). 2007 올해의 환경미술인상 수상. 2006 환경부장관상(환경미술상) 수상. 1987~1998 충주 MBC 미술감독. 대전보건대학 출강, 충주대학교 평생교육원 출강. 제28회 대한민국미술대전 심사위원, 제2회 대한민국 환경수채화 공모전 운영위원장 등 다수. 대전 심사위원 및 운영위원 역임
현재 (사) 한국미술협회 이사, 강남미술협회 수석부회장, (사)평화미술협회 이사, (사)서울미협 이사, (사)한국전업미술가협회(수채화부 분과위원장), 한 · 일교류전 회원, M 21 회원, NA전 회원, 빛그림전 고문, 홍면구상회 고문, 이오국제미술협회 회장. 롯데문화센터 강사, MBC문화센터 강사

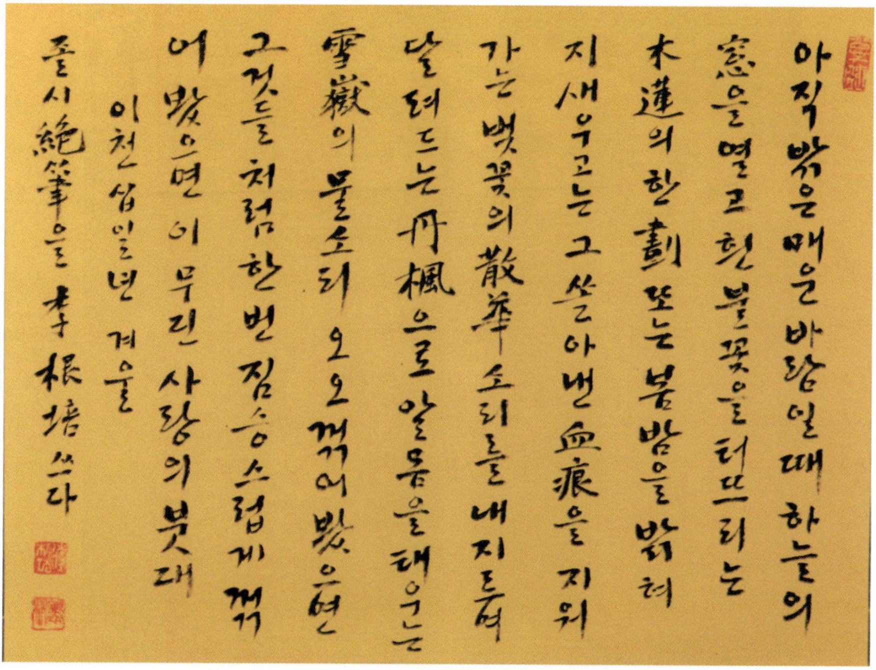

절필(絶筆)

아직 밖은 매운 바람일 때
하늘의 창을 열고
흰 불꽃을 터뜨리는
목련의 한 획,

또는
봄밤을 밝혀 지새우고는
그 쏟아낸 혈흔(血痕)을 지워가는
벚꽃의 산화(散華),

소리를 내지르며 달려드는
단풍으로 알몸을 태우는
설악(雪嶽)의 물소리
오오 꺾어 봤으면

그것들처럼 한 번
짐승스럽게 꺾어 봤으면

이 무딘 사랑의
붓대.

냉이꽃 · 53×40.9㎝ · oil on canvas

이희중 | Yi, Hee-Choung

홍익대학교 미술대학 서양화과 및 독일 뒤셀도르프 쿤스트아카데미 졸업
독일 마이스터 쉴러
개인전 33회(독일, 서울, 부산, 대구 등)
마이에미 아트페어 참가(마이에미, 미국)
NICAF 참가(동경, 일본)
북경 아트페어(북경, 중국)
광주 비엔날레 참가(광주)
KIAF 참가(서울) 한국 화랑미술제, 청담미술제 참가(서울)
홍콩호텔 아트페어(홍콩)
현재 용인대학교 문화예술대학 학장

냉이꽃

어머니가 매던 김밭의
어머니가 흘린 땀이 자라서
꽃이 된 것아
너는 사상을 모른다
어머니가 사상가의 아내가 되어서
잠 못 드는 평생인 것을 모른다
초가집이 섰던 자리에는
내 유년에 날아오던
돌멩이만 남고
황막하구나
울음으로도 다 채우지 못하는
내가 자란 마을에 피어난
너 여리운 풀은.

겨울 자연 · 60×60㎝ · 한지에 채색

임수빈 | Im, Soo-Bin

2011.10 초대 개인전 2회(서울 한국미술센터)
2011.06 2011 디아스포라대회 특별초대전(서울 횃불선교센터)
2011.03 선 갤러리 초대전(미국 로스엔젤리스)
2011.01 로스엔젤리스 국제 아트쇼(미국 로스엔젤리스)
2010.04 제네바 국제아트쇼(스위스 제네바)
2010.03 동서의 만남전(미국 리치몬드)
2010.02 동서의 만남전(미국 리치몬드)
2009.10 초대 개인전 1회(서울 한국미술센터)

나의 子正에도 너는 깨어서 운다
산은 이제 들처럼 낮아지고 들은
끝없는 눈발 속을 헤맨다 나의
풀과 나무는 다 어디 갔느냐 解體
되지 않은 永遠 떠다니는 꿈은 어
디에 살아서 나의 子正을 부르느냐
따순 피로 돌던 사랑 하나가 廣漠
한 自然이 되기까지는 自然이 되어
나를 부르기 까지는 너는 無光의
죽음 이천 십일년 겨울
졸시 겨울自然 한 절을 李根培 쓰다

겨울 자연

나의 자정에도 너는/ 깨어서 운다/ 산은 이제 들처럼 낮아지고/ 들은 끝없는 눈발 속을 헤맨다./ 나의 풀과 나무는 어디 갔느냐./ 해체되지 않은 영원/ 떠다니는 꿈은 어디에 살아서/ 나의 자정을 부르느냐./ 따순 피로 돌던 사랑 하나가/ 광막한 자연이 되기까지는/ 자연이 되어 나를 부르기까지는 너는 무광의 죽음./ 구름이거나 그 이전의 쓸쓸한 유폐./ 허나 세상을 깨우고 있는/ 꿈속에서도 들리는 저 소리는/ 산이 산이 아닌, 들이 들이 아닌/ 모두가 다시 태어난 것 같은/ 기쁨 같은 울음이 달려드는 것이다.

어느 해 · 53×45.5㎝ · 장지에 석채

임종두 | Lim, Jong-Doo

전남대학교 및 중앙대학교 대학원 졸업
개인전 12회
대한민국 미술대전 대상(국립현대미술관). 화랑미술제(예술의 전당). 올림픽기념초대(중국)
MANIF(예술의 전당). SFAF(예술의 전당). SOAF(코엑스)
홍콩 아트페어, 제네바 아트페어, 싱가폴 아트페어, KIAF(코엑스)
올림픽기념전(중국). 국 · 내외 초대 및 단체전 450여 회 출품
중앙대학교 겸임교수 역임

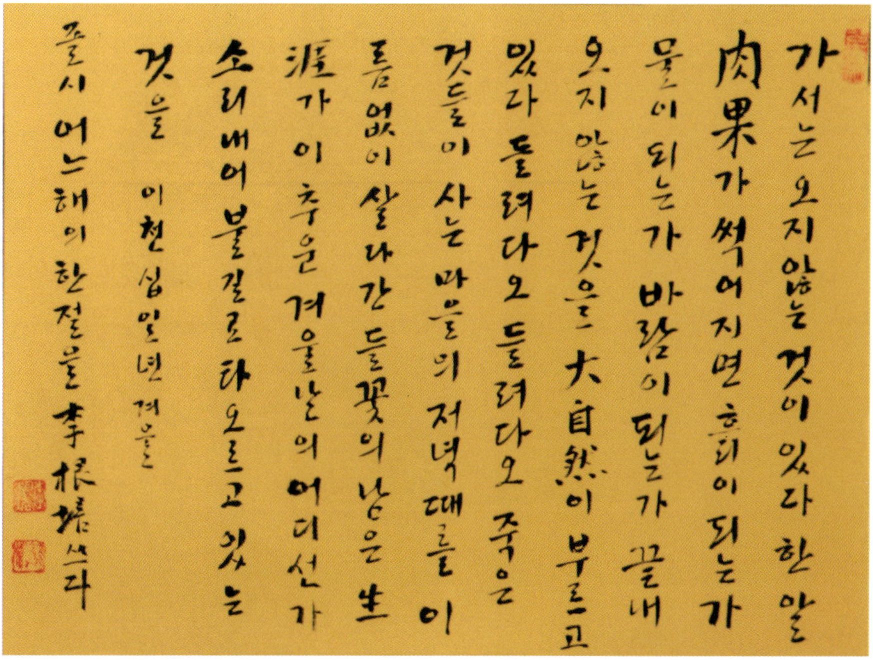

어느 해

—아아 늬는 산새처럼 날아갔구나 · 지용

가서는 오지 않는 것이 있다/ 한 알 육과가 썩어지면/ 흙이 되는가 물이 되는가 바람이 되는가/ 끝내 오지 않는 것을/ 대자연이 부르고 있다/ 들려다오 들려다오/ 죽은 것들이 사는 마을의 저녁 때를,/ 이름 없이 살다간/ 들꽃의 남은 생애가/ 이 추운 겨울날의 어디선가/ 소리내어 불길로 타오르고 있는 것을/ 창호지 문에 불빛 새어 나오고/ 숟가락 소리 웃음 소리 들리고/ 어머니가 할머니가 되고/ 산소만 남고

패랭이 산조 · 27×45.5㎝ · water on paper

장광의 | Chang, Kwang-Eui

중앙대학교 예술대학 회화학과 졸업
수채화 개인전 10회
제12회 대한민국 미술대전 우수상(1993)
제1회 복사골미술대전 최우수상(1984)
1985~2011 한국 수채화 협회전 출품
2000, 2006~2007 New York Art Expo전 출품
2009 Open 09 Water전 - Leighton Art Center
CSPWC 85th Anniversary Exhibition - Robert Gallery
2011 L.A Art Show(L.A convention center)
2011 Seoul Open Art Fiar전 출품
현 : 한국미술협회, 한국수채화협회, 캐나다 수채화협회(CSPW) 회원

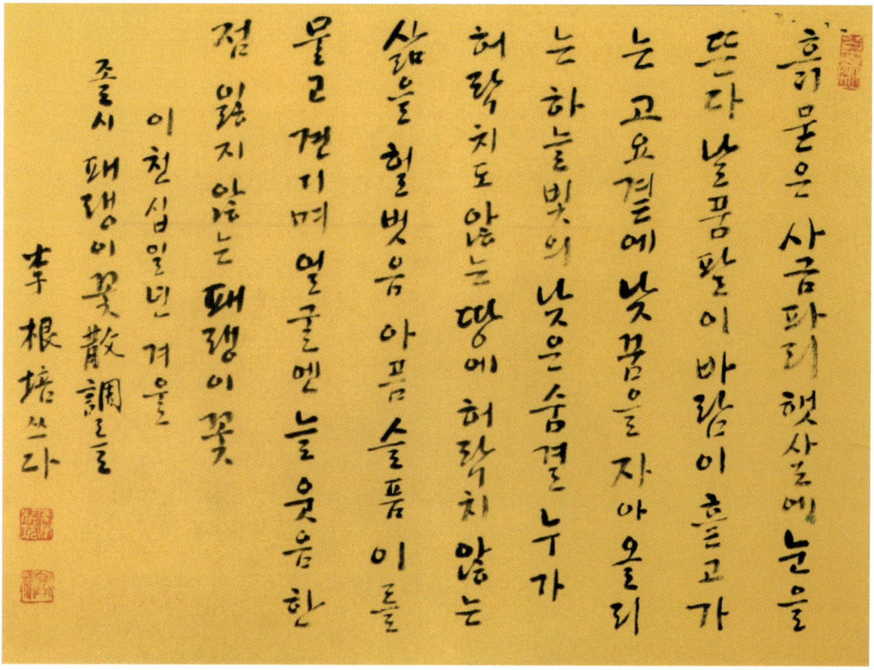

패랭이 산조

흙 묻은 사금파리
햇살에 눈을 뜬다
날품팔이 바람이
훑고 가는 고요 곁에
낮 꿈을 자아 올리는
하늘 빛의 낮은 숨결
누가 허락치도 않는 땅에
허락치 않는 삶을
헐벗음, 아픔, 슬픔
이를 물고 견디며
얼굴엔 늘 웃음 한 점
잃지 않는 패랭이꽃

모자를 벗고 · 40.9×31.8㎝ · oil on canvas

전준엽 | Cheon, Joon-Yeob

중앙대학교 예술대학 회화과 졸업
개인전-LA 이민역사기념관, 뮌헨 김쉬나이더갤러리, 박영덕 화랑,
동경 갤러리아 그리피카, L.A RAPIDO KOREA 이민역사기념관,
김옥길 기념관, 청작화랑, 유나화랑, 동경 O갤러리, 다도화랑,
갤러리 서묵(한강미술관). 동경 아트페어(동경). 장은선 갤러리 개관전
2001-06 KCAF전(예술의 전당). 상해 아트페어(상해). 미술의 회복전(가나아트갤러리)
마이애미 아트페어. 팜비치 아트페어. M화랑미술제 5회 초대(예술의 전당)
수상 : 제1회 청작미술상, 제2회 마니프 국제 아트페어 특별상
제5회 한국미술작가상, 구상전 금상

모자를 벗고

글씨는 더더욱 모르고/ 붓도 제대로 못 잡으면서/ 추사(秋史), 그 높은 다락을/ 목이 빠지게 올려다보고 다녔다/ 더도 덜도 말고 예서(隸書) 한 점만!/ 턱없는 소원 같던 내 눈에/ 어느 날 인사동 골동가게에서// 築屋松下 脫帽看詩 (축옥송하 탈모간시)/ "소나무 아래 집을 지어/ 모자를 벗고 시를 읊는다"// 여덟 글자가 번쩍 띄었다/ 낙관이 없어도/ 추사가 아니고는 흉내도 못 내는/ 신필(神筆)이거니/ 나는 덥썩 품에 안았다/ 내 언제 모자를 벗고/ 시 앞에 서 본 일 있었던가/ 헛되이 종이에 먹물만 칠해 온/ 부끄러움이 앞섰다/ 사랑땜도 하기 전에/ 글씨는 남의 손에 넘어갔지만/ 모자를 벗고,/ 그 말씀, 내게는 못다 쓸/ 천금(千金)으로 남아.

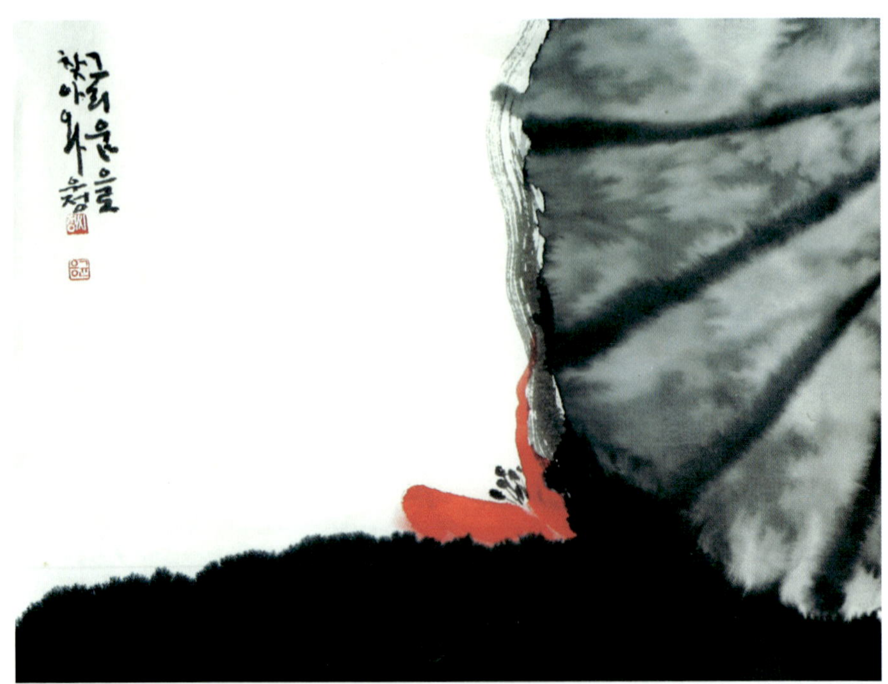

연 · 28.5×37.2㎝ · 화선지에 수묵채색

정응균 | Jeong, Eung-Kyun

초대전 및 단체전 다수. 수상 : 1978 전남대학교 종합예술제 우수상(전라남도 지사). 1983 제1회 대한민국 불교문화예술대전 대상 수상(조계종 총회). 1992~96 한국서예청년작가 선발(예술의 전당). 1993 제6회 서예대전 우수상 수상(월간 『서예』). 1995 95 '미술의 해 기념 전국휘호대회 우수상(한국미술협회). 2000 제19회 대한민국 미술대전 문인화부문 특선 초대작가상(한국미술협회). 2001 · 2001동아 미술제 동아미술상(동아일보사)

심사위원 : 전국미술대회 심사, 대한민국미술대전 문인화부문, 경기미술 문인화대전, (사)평화미술대전, 대한민국 서예대전, 한국인터넷 서예대전, 해동 서예문인화대전, 관악여성서예공모전, 세계서법문화예술대전 심사위원 역임, 대한민국 서예 문인화 휘호 대회 운영위원 및 심사위원 역임. 포항포스코 불빛 미술대전 심사위원장 역임

경력 : (사)한국미술협회 사업 · 재정위원 역임, 단원미술제 운영위원 역임

현재 : 동아미술동우회, 한국미술협회 초대작가, 한국학원총연합회 부회장 역임, 서울관악문화예술인협회 회장, 한국문인화협회 초대작가, (사)한국미술협회 문인화부문 분과위원

天上의 맑은 샘을 길어 올려 거르고
걸러 땅에 내려오신 아침 이슬이소서
여기 번뇌와 오욕 모두 뿌리치고 오직
사랑으로만 씻고 씻어 순결한 몸매로
태어난 한 떨기 여인이 있습니다 진흙
밭에 발을 묻고 있어도 티 없이 고운 마음
영롱한 살결로 다듬어 어느 비바람 눈
보라에도 금이 가지 않는 푸른 영혼의
불꽃이 있습니다
이천십일년 겨울
졸시 蓮의 한 절을 李根培 쓰다

연(蓮)

천상의 맑은 샘을 길어 올려
거르고 걸러 땅에 내려오신
아침 이슬이소서

여기 번뇌와 오욕 모두 뿌리치고
오직 사랑으로만 씻고 씻어
순결한 몸매로 태어난 한 떨기 여인이 있습니다.

진흙 밭에 발을 묻고 있어도
티 없이 고운 마음
영롱한 살결로 다듬어
어느 비바람 눈보라에도
금이 가지 않는 푸른 영혼의 불꽃이 있습니다.

연가 · 30×60㎝ · oil on canvas

조몽룡 | Cho, Mong-Ryong

개인전 24회(서울, 대구, 울산, 포항, 미국)
한국현대미술100인 초대전(경주문화엑스포전시장)
한국의혼-6인초대전(시드니 빅토리아갤러리)
아세아국제미술전(대구문화예술회관)
한국현대미술제, 아트서울, 부산국제 아트페어, 홍콩아트쇼
시드니 아트페어, 비고 아트페어, 상하이 아트페어, LA 아트페어 참가
그 외 단체전 200여 회
현재 : 한국미협. 목우회 회원. 대구시전 초대작가. 대구예술대학교 초빙교수

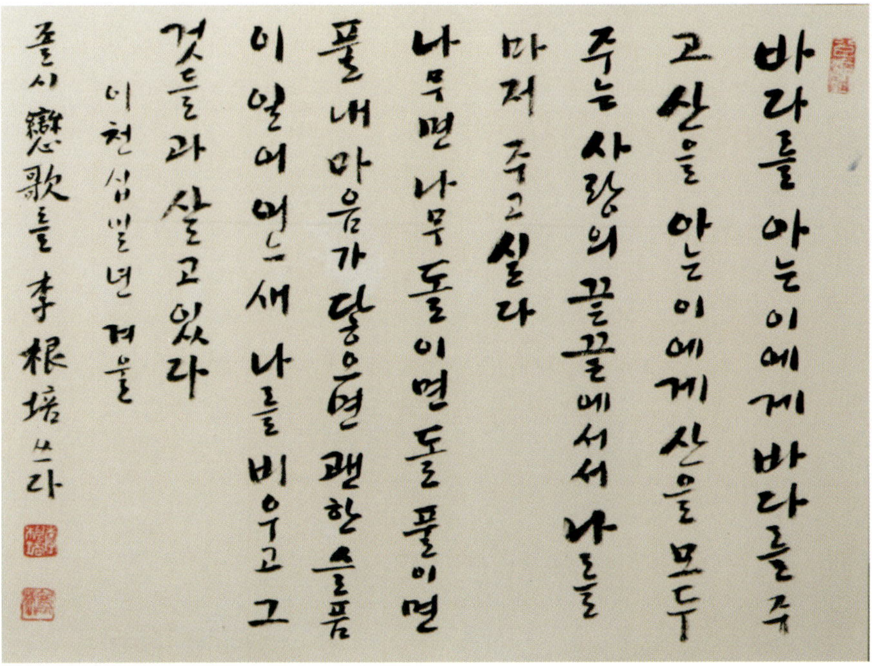

연가(戀歌)

바다를 아는 이에게
바다를 주고

산을 아는 이에게
산을 모두 주는

사랑의 끝끝에 서서
나를 마저 주고 싶다

나무면 나무 돌이면 돌
풀이면 풀

내 마음 가 닿으면
괜한 슬픔이 일어

어느 새 나를 비우고
그것들과 살고 있다

살다가 보면 · 45.5×27.3㎝ · oil on canvas

한운성 | Han, Un-Sung

1972 : 서울대학교 대학원 회화과 졸업
1975 : 타일러 미술대학 대학원 판화과 졸업
1978 : 제1회 동아미술제 동아미술상 수상
1980 : 제2회 동아미술제 대상 수상
1981 : 제3회 서울국제판화비엔날레 대상 수상. 제16회 쌍파울로 비엔날레, 브라질
1983 : 제15회 유부리아나 국제판화비엔날레
1985 : 제17회 까뉴국제회화제
1995 : 한국현대미술순회전, 헝가리미술관
2001 : 한국미술 2001, 회화의 복권전 , 국립현대미술관
2011 : 코리안 랩소디, 삼성미술관
현재 : 서울미대 서양화과 교수

살다가 보면

살다가 보면/ 넘어지지 않을 곳에서/ 넘어질 때가 있다// 사랑을 말하지 않을 곳에서/ 사랑을 말할 때가 있다// 눈물을 보이지 않을 곳에서/ 눈물을 보일 때가 있다// 살다가 보면/ 사랑하는 사람을/ 사랑하지 않기 위해서/ 떠나보낼 때가 있다// 떠나보내지 않을 것을/ 떠나보내고/ 어둠 속에 갇혀/ 짐승스런 시간을/ 살 때가 있다// 살다가 보면

꽃의 수작 · 30x40cm · 캔버스 유화

윤후명 | Yoon Hoo Myeong

1946년 1월 17일(강원도 강릉) 출생.
소속 : 한국문학원(원장), 국민대학교 문예창작대학원(교수)
연세대학교 철학과 졸업
1967년 「경향신문」 신춘문예 시 〈빙하의 새〉 당선으로 문단 등단.
2007년 제10회 김동리문학상 수상
국민대학교 문예창작대학원 교수

꽃의 수작(酬酌)

그대가 바람을 주니
나는 난다
봄이던 것, 봄이어서
아픔을 깨닫지 못하던 것
까치를 데불고
솔개로 하늘을 뜬다

그대가 불을 주니
나는 탄다
슬픔을 뚝뚝 흘리며
천방지축 혼(魂)을 부르다가
들끓다가

그대가 술을 주니
나는 풀린다
산(山)이란 산(山), 들이란 들을 끼고
내가 버린 여자의 무덤을 끼고
흐르다가
그대 사랑에 다다라서
나는 취(醉)한다.

Untitled 11-24 · 40.9×31.8㎝ · oil on canvas

신문용 | Shin, Moon-Yong

홍익대학교 서양화과 및 동 대학원 졸업. 개인전 32회
2011 제네바 아트페어(스위스). 아름다운 물길전(한가람 미술관, 서울). LA 아트페어
2010 Fine Art Asia(홍콩). 한국 국제 드로잉전(한가람 미술관, 서울)
2010 한국 미술 70인전(한가람 미술관, 서울)
2009 원더풀 미술(일민미술관, 서울). 한국 미술 100인전(세종문화회관, 서울)
2009 서울 시립 미술관 신 소장품전
2008 서울 오픈 아트페어(SOAF) 특별전(COEX, 서울). 골드아이 선정 작가전(COEX, 서울)
2008 한국 국제 아트페어(KIAF)(COEX, 서울)
2007 한국 미술의 단면전(주영 문화관, 런던)

겨울 바다 _ 김남조

겨울 바다에 가 보았지.
미지(未知)의 새, 보고 싶던 새들은 죽고 없었네

그대 생각을 했건만도
매운 해풍에 그 진실마저 눈물져 얼어 버리고

허무의 불
물 이랑 위에 불 붙어 있었네.

나를 가르치는 건 언제나 시간...
끄덕이며 끄덕이며 겨울 바다에 섰었네

남은 날은 적지만

기도를 끝낸 다음 더욱 뜨거운 기도의 문이 열리는
그런 영혼을 갖게 하소서.

남은 날은 적지만

겨울 바다에 가 보았지
인고(忍苦)의 물이 수심(水深) 속에 기둥을 이루고 있었네

김남조 | Kim, Nam-Jo

대구(大邱)에서 출생(1927~).
서울대학교 사범대학 국문학과 졸업.
1948년 『연합신문』(聯合新聞)에 시 〈잔상〉, 『서울대 시보』에 시 〈성숙〉 등을 발표하며 문단에 등단했다.
대한민국 예술원 회원. 국가원로위원회 공동위원장
시집 《목숨》(1953), 《나 아드의 향유(香油)》(1955), 《나무와 바람》(1958), 《정념의 기》(1960), 《풍림(楓林)의 음악》(1963), 《겨울 바다》(1967), 《설일(雪日)》(1971), 《사랑초서(草書)》(1974), 《동행(同行)》(1976), 《빛과 고요》(1982), 《시로 쓴 김대건 신부》(1983), 《바람세례》(1988), 《평안을 위하여》(1995), 《희망학습》(1998) 등이 있다.

보석밭 · 30×60㎝ · oil on canvas

조몽룡 | Cho, Mong-Ryong

개인전 24회(서울, 대구, 울산, 포항, 미국)
한국현대미술100인 초대전(경주문화엑스포전시장)
한국의혼-6인초대전(시드니 빅토리아갤러리)
아세아국제미술전(대구문화예술회관)
한국현대미술제, 아트서울, 부산국제 아트페어, 홍콩아트쇼
시드니 아트페어, 비고 아트페어, 상하이 아트페어, LA 아트페어 참가
그 외 단체전 200여 회
현재 : 한국미협. 목우회 회원. 대구시전 초대작가. 대구예술대학교 초빙교수

보석밭 _ 성찬경

가만히 응시하니
모든 돌이 보석이었다.
모래알도 모두가 보석이었다.
반쯤 투명한 것도
불투명한 것도 있었지만
빛깔도 미묘했고
그 형태도 하나하나가 완벽이었다.
모두가 이름이 붙어 있지 않은
보석들이었다.

이러한 보석이
발아래 무수히 깔려 있는 광경은
그야말로 하늘의 성좌를 축소해 놓은 듯
일대 장관이었다.
또 가만히 응시하니
그 무수한 보석들은
서로 빛으로
사방팔방으로 이어져 있었다.
그 빛은 생명의 빛이었다.
이러한 돌밭을 나는 걷고 있었다.
그것은 기적의 밭이었다.
홀연 보석밭으로 변한 돌밭을 걸으면서
원래는 이것이 보석밭인데,
우리가 돌밭으로 볼 뿐이 아닌가 하는
생각이 들었다.
있는 것 모두가 빛을 발하는
영원한 생명의 밭이
우리가 걷고 있는 곳이다.

성찬경 | Sung, Chan-Gyung

충청남도 예산(禮山)에서 출생(1930~). 서울대학교 영문학과 졸업, 동 대학원 수료.
『문학예술』에 시 〈미열(微熱)〉(1956. 1), 〈궁(宮)〉(1956. 6), 〈프리즘〉(1956. 8) 등이 추천 완료되어 문단에 등단했다.
'60년대 사화집' 창간 동인. 시집 《화형둔주곡(火形遁走曲)》(1966), 《벌레소리 송》(1970), 《시간음(時間吟)》(1982), 《반투명》(1989), 《황홀한 초록빛》(1989), 《묵극》(1995), 《나의 별아 너 지금 어디에 있니?》(2000) 등이 있다.
현재 대한민국 예술원 회원

오늘 · 40.9×31.8㎝ · 한지에 수묵담채

유수종 | You, Soo-Jong

홍익대학교 미술대학원 졸업
개인전 : 12회 국내, 독일, LA.
아트페어 : 4회 국내, 상하이, 오사카, 국제전. 단체전. 초대전 다수
목우회 문예진흥원장상 수상, 한국 문인화 대전 대상 수상, 경희대학교 교육인상 수상, 포천 미술상 수상
예술의전당 서예박물관 문인화 강사 역임, 대한민국 미술대전 심사위원 역임
현 : 한국미술협회, 포천미술협회 회원

오늘 _ 신경림

국수 반 사발에
막걸리로 채워진 뱃속
농자천하지대본
농기를 세워놓고
면장을 앞장 세워
이장집 사랑 마당을 돈다
나라 은혜는 뼈에 스며
징소리 꽹과리 소리
면장은 곱사춤을 추고
양곡 증산 13.4프로에
칠십 리 밖엔 고속도로
누더기를 걸친 동리 애들은
오징어를 훔치다가
술동이를 엎다
용바위집 영감의 죽음 따위야
스피커에서 나오는
방송극만도 못한 일
아낙네들은 취해
안마당에서 노랫가락을 뽑고
처녀들은 뒤울안에서
새 유행가를 익히느라
목이 쉬어
펄럭이는 농기 아래
온 마을이 취해 돌아가는
아아 오늘은 무슨 날인가
무슨 날인가

신경림 | Sin, Gyung-Rim

충청북도 중원(中原)에서 출생(1935~).
본명은 응식(應植). 동국대학교 영문학과 졸업.
『문학예술』에 〈낮달〉(1955. 12), 〈갈대〉(1956. 1), 〈석상(石像)〉(1956. 4) 등이 추천 완료되어 문단에 등단했다.
시집 《농무(農舞)》(1973), 《새재》(1980), 《달넘세》(1985), 《남한강》(장시집, 1987), 《가난한 사랑노래》(1988), 《길》(1990), 《쓰러진 자의 꿈》(1993), 《어머니와 할머니의 실루엣》(1998), 《뿔》(2002) 등이 있다.

슬픔이 기쁨에게 · 40.9×31.8㎝ · oil on canvas

이 영 | Lee, Young

충남대학교 졸업. 경기대학교 조형대학원 서양화과 졸업
개인전 및 아트페어. part, 학고재, 아트링크. 예술의전당, 세종문화회관, 코엑스, 부산벡스코 미국, 독일, 프랑스, 중국, 필리핀.
2011-2010-2009 화랑미술제(서울, 부산), 칼슈르헤 아트페어(독일). 2011 2009 KCAF(서울, 예술의 전당). 2011 AHAFHK11(홍콩). 2010-2009 KIAF(서울, 코엑스). 2010 대구 아트페어(대구, 엑스코), 퀼른21 아트페어(독일), 봉산미술제(대구), 어울림호텔 아트페어(아산), LA art show(미국). 2009 SOAF(서울, 코엑스), 베를린 아트페어(독일), ALTO호텔 아트페어(부산), 제네바 아트페어(스위스) 외 다수
예원예술대학교 문화예술대학원 출강

슬픔이 기쁨에게 _ 정호승

나는 이제 너에게도 슬픔을 주겠다
사랑보다 소중한 슬픔을 주겠다
겨울밤 거리에서 귤 몇 개 놓고
살아온 추위와 떨고 있는 할머니에게
귤값을 깎으면서 기뻐하는 너를 위하여
나는 슬픔의 평등한 얼굴을 보여주겠다
내가 어둠 속에서 너를 부를 때
단 한 번도 평등하게 웃어주질 않은
가마니에 덮인 동사자가 다시 얼어 죽을 때
가마니 한 장조차 덮어주지 않은
무관심한 너의 사랑을 위해
흘릴 줄 모르는 너의 눈물을 위해
나는 이제 너에게도 기다림을 주겠다
이 세상에 내리던 함박눈을 멈추겠다
보리밭에 내리던 봄눈들을 데리고
추워 떠는 사람들의 슬픔에게 다녀와서
눈 그친 눈길을 너와 함께 걷겠다
슬픔의 힘에 대한 이야기를 하며
기다림의 슬픔까지 걸어가겠다

정호승 | Jung, Ho-Seung

경상남도 하동(河東)에서 출생(1950~).
경희대학교 국문학과 졸업, 동 대학원 수료.
1972년 『한국일보』 신춘문예에 동시 〈석굴암에 오르는 영희〉가 당선되었고, 1973년 『대한일보』 신춘문예에 시 〈첨성대〉가 당선되어 문단에 등단했다.
1982년 『조선일보』 신춘문예에 단편소설 〈위령제〉도 당선되었다.
시집 《슬픔이 기쁨에게》(1979), 《서울의 예수》(1982), 《새벽 편지》(1987), 《별들은 따뜻하다》(1990), 《사랑하다가 죽어 버려라》(1997), 《외로우니까 사람이다》(1998), 《눈물이 나면 기차를 타라》(1999), 《내가 사랑하는 사람》(2000), 《밥값》(2010) 등이 있다.

낡은 자전거 · 33.4×24.2㎝ · oil on canvas

박지오 | Park, Gio

동아대학교 회화과 졸업
2011~2009 한국 구상대제전(예술의 전당, 한가람 미술관, 서울)
2011 시카고 아트페어(ART CHICAGO 시카고 머천다이즈, 미국)
2011~2007 서울 오픈 아트페어(COEX, 서울)
2011~2009 LA ART SHOW(LA 컨벤션센터, 미국)
2010 한국 미술작가 대상 수상 및 수상 기념전(AKA SPACE, 서울). 화랑미술제(BEXCO, 부산). EAST MEETS WEST 초대전(버지니아 리치몬드 ARTWORKS, 미국)
2009 ART & HOUSE 초대전(현대 미술관, 울산). 한국 국제아트페어 KIAF(COEX, 서울). 한 · 중 · 일 당대 예술교류전 (북경 동방지광 문화예술, 중국). 현재 : 한국미술협회, 강남미술협회, KAMA, 한국인물작가회 회원, 서울시립대학교 시민대학 출강

낡은 자전거 _ 안도현

너무 오랫동안 타고 다녀서
핸들이며 몸체며 페달이 온통 녹슨 내 자전거
혼자 힘으로는 땅에 버티고 설 수가 없어
담벽에 기대어 서 있구나
얼마나 많은 길을 바퀴에 감고 다녔느냐
눈 감고도 찾아갈 수 있는 길을 많이 알수록
삶은 여위어가는 것인가, 나는 생각한다

자전거야
자전거야
왼쪽과 오른쪽으로 세상을 나누며
명쾌하게 달리던 시절을 원망만 해서 쓰겠느냐
왼쪽과 오른쪽 균형을 잘 잡았기에
우리는 오늘, 여기까지, 이만큼이라도, 왔다

안도현 | An, Do-Hyun

경상북도 예천(醴泉)에서 출생(1961～).
원광대학교 국문학과 졸업.
1984년 『동아일보』 신춘문예에 시 〈서울로 가는 전봉준〉이 당선되어 문단에 등단했다.
'시힘' 동인.
시집 《서울로 가는 전봉준》(1985), 《모닥불》(1989), 《그대에게 가고 싶다》(1991), 《외롭고 높고 쓸쓸한》(1994), 《그리운 여우》(1997), 《바닷가 우체국》(1999), 《아무것도 아닌 것에 대하여》(2001) 등이 있다.

초간정 · 31.8×41㎝ · oil on canvas

한삼숙 | Han, Sam-Sook

제41회 목우회 대상(국립현대미술관)
대한민국 미술대전 구상부문 3회 입선(국립현대미술관)
목우회 공모전 3회 입상(국립현대미술관)
개인전 11st 그룹전 다수. 대한민국 미술대전 심사위원 역임. 한밭미술대전 심사위원 역임
현 : 한국미술협회 수채화분과 이사, 목우회원, 롯데문화센타 강사(관악점)
소장 : 일본 한국대사관저. 일본 북해도 나요로 시립대학교

초간정(草澗亭) _ 김영진

솔소리, 새소리 바람에 날리고
나직한 앞산과 다정한 뒷산 사이
수만 년 물길 감돌아 나가는 곳
벼랑에 터를 잡고 일어선 초간정

예천읍에서 용문사 가는 길섶 물가
송림 우거진 풀과 물의 원림(園林)
처마 끝 허공에 나뭇가지 우거지고
바람과 물소리를 머금고 선 초간정

조선 선조 때 권문해가 지은 정자
그는 여기서 우리의 최초 백과 사전인
대동운부군옥 20권 20책을 지었으며
아들 권별은 해동잡록 14권 14책 저술

예천 권문 종택 사랑채와 이마 맞대고
새로운 빛과 그늘을 싱그럽게 던지는
산과 숲과 개울물 소리와 바람 소리
물가에 선 정자 초간정을 우러러본다.

*초간 권문해(1534~1591년)는 조선조 명종, 선조 때의 문신이었다. 퇴계 문하에서 류성룡, 김성일과 교류, 수학한 학문을 익히고 좌부승지를 지냈다. 그의 쾌저 대동운부군옥(大東-韻府群玉) 목판 책판도 남아 있다. 우리나라 역사, 지리, 문학, 철학, 예술, 풍속, 인물, 성씨, 산과 나무, 꽃과 동물 등을 모두 조사, 정리해 놓았다. 우리나라 최초로 구성된 백과 사전이라 할 수 있다. 이곳에서 초간 일기 3책도 나왔다.

김영진 | Kim, Young-Jin

1944년 경북 예천 출생
감리교신학대학원 졸업
한국문인협회 감사, 한국시인협회 이사, 한국잡지협회 회장, 한국기독교문인협회 회장
『새벗』 300, 400, 500호 간행
성서원 38년 경영
『나들이』(현대문학)
시집 《희망이 있으면 음악이 없이도 춤춘다》(웅진지식하우스)
국민일보 〈시와 에세이로 읽는 성서〉 8년간 연재
한국기독교문학상, 대통령 표창, 대한민국 은관문화훈장 서훈.

오늘의 江 · 19×24cm · acrylic on canvas

황주리 | Hwang, Joo-Lee

1991 이대 미대, 홍대 대학원, 뉴욕대학 대학원 졸업
개인전 26회
2010 갤러리 현대(서울). 2008 갤러리 현대(서울). 2005 갤러리 아트사이드(서울)
2003 노화랑(서울). 2001 Washington Square Windows(뉴욕)
2000 선미술상 수상 기념전(선화랑, 서울). 1996 Sigma Gallery(뉴욕)
1994 Art Projects International(뉴욕). 1992 Washington Square East Gallery(뉴욕)
국제전, 단체전 200여 회 참가
1986 제5회 석남 미술상 수상. 2000 제14회 선미술상 수상

오늘의 江 _ 류석우

이 세상 모든 슬픔 한꺼번에 쏟듯이
뒷 모습 보이지 않을 때까지
어깨 들썩이며 울고 가던 그대여,
스무 해도 더 지난 오늘
이제사 그 울음에 내가 젖느니,
그 날의 그대 어둔 길을
이제사 내가 걸어가며 아느니,

아메리카로 그대 떠나 보낸 날
눈 쌓인 김포가도를
막소주 댓자 한 병 나팔불며
미안하다, 미안하다,
남루했던 내 사랑 용서 빌었거니
그렇게 눈에 묻고 스무 해를 살았거니

스무 해도 더 지난 오늘
혼자서 길을 가고 있는 까닭을,
아직도 그대 울음이
내 안에 강물처럼 남아
나를 끝없이 흘러가게 하는구나.

류석우 | Ryu, Seok-Woo

미술전문지 『미술시대』 발행인 겸 주간
외국어 미술지 『Ace Art Korea』 발행인
현대조형연구미술포럼 고문
사계문학회 상임고문
한국문학예술협회 이사
뉴욕 AKA 스페이스 대표
Gallery AKA Space 대표
미술기획 아트컴퍼니 대표

아이야 영산강 가자 · 38×47㎝ · 한지에 수묵

변영혜 | Byun, Young-Hye

서울대학교 미술대학 회화과 졸업. 서울대학교 미술대학원 동양화전공 졸업
미국 Fashion Institute of Technology 수학
개인전 10회(최갤러리, 갤러리이콘, 갤러리21, 인데코갤러리, 진흥갤러리, 갤러리정 등)
국내외 그룹전 및 단체전 200여 회(한국, 일본, 중국, 태국, 독일, 프랑스, 스페인, 터키, 멕시코, 미국). 대한민국 기독교미술대전 연2회 우수상 수상. 동아미술제 입상
Figuration Critique 선정(그랑팔레, 파리)
협성대학교 예술대학 미술학과 겸임교수 및 한양대, 경희대, 인하대, 인천대 강사 역임
현재 : (사)한국미술협회 이사, 광림미술인선교회 회장, 하늘미술발전소 대표,
한국기독교미술인협회, 한국미술인선교회, 아트미션, 성서미술선교회,
한국화여성작가회, 형색인 회원

아이야 영산강 가자 _ 최규창

아이야 영산강 가자
뜨거운 햇빛 받으며
잔물결 하늘거리는 영산강으로 가자
영산강에 가서 낚싯대 드리우고
말없는 하늘을 바라보자
가끔 날아오는 잠자리처럼
물끄러미 너를 바라보자

아이야 영산강 가자
석양의 그늘 속에서
풀향기 그윽한 언덕은
얼마나 다정한가
영산강에 가서
돌배개로 하늘을 덮고
뜻이라는 뜻 모두 내버리고

하늘 속에 젖어들자
어디선가 들려오는 매미소리처럼

아이야 영산강 가자
더위에 겨운 실버들 늘어서 있고
가끔 엄니의 미소이듯 산들바람 불어오는 곳
게 가서 물 속에 담긴 발
송사리 떼 노니는 사이사이
너는 아득한 나그네처럼

최규창 | Choi, Kyu-Chang

1954년 전남 나주 출생
강남대 졸업
1983년 『현대문학』지 시추천 완료로 등단
시집 《어둠이후》《행방불명》《영산강 비가》《강물》
시론집 《한국기독교시인론》
노산문학상, 한국기독교문학상 등 수상
현재 기독교신문 편집국장 및 서울장신대 강사

고향의 시냇물 · 40×40㎝ · oil on canvas

조몽룡 | Cho, Mong-Ryong

개인전 24회(서울, 대구, 울산, 포항, 미국)
한국현대미술100인 초대전(경주문화엑스포전시장)
한국의혼-6인초대전(시드니 빅토리아갤러리)
아세아국제미술전(대구문화예술회관)
한국현대미술제, 아트서울, 부산국제 아트페어, 홍콩아트쇼
시드니 아트페어, 비고 아트페어, 상하이 아트페어, LA 아트페어 참가
그 외 단체전 200여 회
현재 : 한국미협. 목우회 회원. 대구시전 초대작가. 대구예술대학교 초빙교수

고향의 시냇물 _ 김기동

월산 중턱부터 흐르는
작은 물줄기
개구리 수영장이다

제기 씻고 시루 씻고
쟁기 씻고 가재 잡고
구름이 흐르고 바람이 분다

아낙네들 사투리 홍건하고
어린아이들 물장구 신난다
어미 따라 나온 송아지
한 몫 거들고
먼 산을 훔쳐 본 석류나무
수줍어 한다

백옥 같은 손이
물살을 흔들어
쥐어 짤 때에
마음은 어디를 다녀온 것인지
붉은 댕기가 물에 젖는다

김기동 | Kim, Ki-Dong

1938년 6월 25일 충남 서산 출생
아호 월산(月山), 시무언(視無言)
現 한국수필가협회 부이사장
한국문인협회 회원, 국제펜클럽 한국본부 회원
서울성락교회 감독
학교법인 베뢰아아카데미학원 이사장
故 조경희 선생의 특별추천으로 수필가 등단
제3회 한국문화예술상(수필부문) 수상
제22회 한국수필문학상 수상
저서 : 시집《가슴에 쓰는 美花》외 4권. 수필집《이야기가 있는 산》외 2권

금붕어는 자유롭다 · 33.4×24.2㎝ · oil on canvas

강정진 | Kang, Jeong-Jin

원광대학교 동 대학원 졸업. 개인전18회. 세계평화미술대전, 목우회전, 하반영미술상초대전, 레핀대학초대전, 뉴욕 아트엑스포, 빛나는 현대미술초대전, A&C 아트페어, 독립유공자인물화초대전, 단체전 및 국제교류전 300여 회. 프랑스 르-살롱전 은상. 제4회 대한민국미술인의 날 본상 수상. 전북도립미술대전 심사위원, 목우회미술공모전 심사위원, 대한민국회화대전 심사위원, 대한민국미술대전 운영위원 및 심사위원 역임, 춘향미술대전 심사위원 등 각급 공모전 심사위원 역임

현재 : 한국미술협회 이사 겸 미술교육원위원회 위원장, 서울미술협회 부이사장, 종로미술협회 부회장, 국제미술교류회 부이사장, 한국예술여성작가회 고문, 마포구청 장식미술 심의위원, 예원예술대학교 미술디자인학부 교수

금붕어는 자유롭다 _ 이만의

화려한 응접실 안의
투명한 어항 속에서
뱅뱅 돌고만 있는 금붕어들아!

가난은 먼 나라 전설같이 풍성한 먹이에
주인과 똑같이 따뜻한 난방시설에
에어컨디션을 즐기고 있는 것들아!

금붕어는
밝은 샹들리에 불빛 아래에서
밤도 잊고 유영하고 있지 않으나
새들에게 먹힐 걱정도 모른 채!

얼마나 자유스럽고
아주 수월하고 편하게 살고 있는데
왜 어항을 깨뜨리고 나오려 하는가.
뭐 그리 불편해서
바다로 보내야 한다고들 떠드는가.

이만의 | Lee, Man-Eui

1946년 전남 담양 출생
서울대 환경대학원. 연세대 행정대학원. 동국대 대학원 박사과정 수료
광주광역시 부시장, 목포시장, 여천시장, 제주부지사
청와대 공직기강, 행정비서관
『포스트모던』 시(詩) 특별 추천(문단데뷔)
환경문학포럼 상임대표
환경부차관, 환경관리공단 이사장, 환경부장관 등 역임

향나무가 되리라 · 24.5×33.5㎝ · 캔버스에 혼합채색

김동선 | Kim, Dong-Sun

1979 서울대학교 미술대학 졸업. 1983 서울대학교 대학원 졸업
개인전13회. 단체전 수회
2000 채색화 3인전(공평아트센터). 2001 동양화 새천년(서울시립미술관)
2002 찾아가는 미술관(국립현대미술관). 2003 상해 아트페어(상해무역센터)
2004 한국화 새천년(예술의 전당). 2008 한국화 100인의 소품전(한국예술센터)
2009 스트라스부르 아트페어. 2010 한국미술의 비전 3인작가 초대전
현재 한성대학교 회화과 교수

향나무가 되리라 _ 장태평

나는 한 그루 향나무가 되리라
구불거리며 더디 자라도 좋아라
한 시절 피는 꽃에만 향기를 담는
그런 나무는 되지 않으리라

깊은 향내 온 몸에 녹아들어
줄기가 되고 뿌리가 되어서
사철 온 산에 은은한 향기로
스며나리라

장태평 | Jang, Tae-Pyung

1949년 출생
경기중 · 고등학교를 거쳐 서울대학교 사회학과 및 동 행정대학원, 미국 오리건 대학원 졸업
1977년 행정고시에 합격. 시집으로《강물은 바람 따라 길을 바꾸지 않는다》(2001)
재정경제부 기획홍보실장
국가청렴위 사무처장
농림수산식품부 장관
(현) 한국마사회 회장

대명 포구에서 · 40×28㎝ · 혼합재료

이철진 | Lee, Cheol-Jin

영남대학교 미술대학 동양화과 졸업. 영남대학교 대학원 미술교육전공 졸업
개인전 23회(NEWYORK/서울/대구/부산/수원/경주1994~2011)
문화회관 20주년 기념-역대 올해의 청년작가 초대전(대구문화예술회관 초대, 대구)
포항시립미술관 초대-진경산수의 맥(포항시립미술관, 포항)
광저우 아트페어 초대(중국), 상해국제 아트페어 초대(중국, 상해마트)
2007/2008/2010 대구아트페어 초대(대구, 엑스코). 서울화랑미술제 초대(서울, 예술의 전당)
한국, 일본, 중국, 인도네시아 4국 작가초대전[a-one](일본, 중국 광저우)
문화예술회관 기획 3인초대전(포항, 문화예술회관)
9인의 시각전(서울, 갤러리i 초대) 그 외 200여 회의 각종 기획 단체전 등
현재, 대구시미술대전 초대작가 및 심사위원 역임(96-현재)/ 한국화동질성회복 회원/ 영남한국화 회원/ 현대한국화회 / 동국대학교 외래 강사

대명 포구에서 _ 박상철

화잠 같던
물소리
섬섬(閃閃)

백하해
흔들림이 밀어
섬섬(閃閃)

잊었다는데

다
잊었다는데

무너진
세월
섬섬(閃閃)

숨쉬는
것들의
무게로
섬섬(閃閃)

박상철 | Park, Sang-Cheol

1996년 한국예술문화단체총연합회 기관지『예술세계』신인상 수상
동시 감상집《해바라기야 너의 키보다 나의 꿈이 더 크단다》,《꽃보다 먼저 일어나는 봄》,《이슬들의 실로폰 연주》
청소년 문학 감상집《솔바람 깃든 그늘을 흔들어》,《길섶에 풀어 놓은 이야기》,《목어의 꿈이 운다》,《초록 수화로 흔들리는 나무들》
공저《흔들리는 겨울》,《가슴에 그린 벽화 97》,《선 채로 스며드는 점》,《혼합과 질서》,《몽당연필로 그린 복제인간》등

짝사랑 · 27×45.5㎝ · water on paper

장광의 | Chang, Kwang-Eui

중앙대학교 예술대학 회화학과 졸업
수채화 개인전 10회
제12회 대한민국 미술대전 우수상(1993)
제1회 복사골미술대전 최우수상(1984)
1985~2011 한국 수채화 협회전 출품
2000, 2006~2007 New York Art Expo전 출품
2009 Open 09 Water전 - Leighton Art Center
CSPWC 85th Anniversary Exhibition - Robert Gallery
2011 L.A Art Show(L.A convention center)
2011 Seoul Open Art Fiar전 출품
현 : 한국미술협회, 한국수채화협회, 캐나다 수채화협회(CSPW) 회원

짝사랑 _ 고두현

빈 들판 한가운데
홀로 젖는 산

꽃잎진 자리마다
새로 돋는 남녘 길을

제 몸의 상처 지져
찻잎 따러 가던 사람아.

고두현 | Go, Doo-Hyun

1963년 경남 남해에서 출생
1993년 『중앙일보』 신춘문예를 통해 등단
경남대 국문과를 졸업
한국경제신문 문화부 기자
제10회 시와 시학 젊은 시인상 수상
시집으로 《늦게 온 소포》 《물미해안에서 보내는 편지》가 있다.

애인 · 45.5×37.9㎝ · 장지에 커피혼합재료

이철진 | Lee, Cheol-Jin

영남대학교 미술대학 동양화과 졸업. 영남대학교 대학원 미술교육전공 졸업
개인전 23회(NEWYORK/서울/대구/부산/수원/경주1994~2011)
문화회관 20주년 기념-역대 올해의 청년작가 초대전(대구문화예술회관 초대, 대구)
포항시립미술관 초대-진경산수의 맥(포항시립미술관, 포항)
광저우 아트페어 초대(중국), 상해국제 아트페어 초대(중국, 상해마트)
2007/2008/2010 대구아트페어 초대(대구, 엑스코). 서울화랑미술제 초대(서울, 예술의 전당)
한국, 일본, 중국, 인도네시아 4국 작가초대전[a-one](일본, 중국 광저우)
문화예술회관 기획 3인초대전(포항, 문화예술회관)
9인의 시각전(서울, 갤러리i 초대) 그 외 200여 회의 각종 기획 단체전 등
현재, 대구시미술대전 초대작가 및 심사위원 역임(96-현재)/ 한국화동질성회복 회원/ 영남한국화 회원/ 현대한국화회 / 동국대학교 외래 강사

애인 _ 문일석

누구에게나
사랑하는 이가 있는 거지.

가슴에 그리움이 가득 차 있는 한
나눠줄 사랑이 영혼 깊이 고여 있는 한

보고 싶은 마음을 채워 줄
애인은
누구에게나 있는 거지

벅찬 가슴 텅 비도록
모든 걸 쏟아주고, 위해 주고 싶은

눈 감으면 그 사람 얼굴
아른아른
그리움 솔솔 피어오르는

봄 아지랑이 같은
한 사람쯤은
꼭 가지고 있는 거지.

문일석 | Moon, Il-Seok

시인 · 작가.
한국문인협회 회원.
주간신문 「주간현대」 「사건의 내막」, 인터넷신문 「브레이크뉴스」 발행인.
저서 《비록 중앙정보부》 등 30여 권.
moonilsuk@korea.com.

부자의 생각 · 32×41㎝ · 장지에 채색

박향순 | Park, Hyang-Sun

영남대학교 석사 졸업
파리1대학 박사과정 수학
개인전14회
2011년 SOAF(서울 코엑스)
대구 아트페어(엑스코)

부자의 생각 _ 조영관

이른 봄에 씨앗을 뿌리고
조급함이 아닌 기다릴 줄 아는
농부의 마음을 가진 사람이
넉넉한 부자이다.

발갛게 매달린 감나무에서
까치밥 홍시를
남겨두는 사랑을 가진 사람이
채우는 부자이다

황량한 겨울 나무 속에서도
봄을 꿈꾸고 설레는
마음을 갖는 사람이
미래의 부자이다

조영관 | Jo, Young-Kwan

시인. 전북 익산 출신. 서라벌문예원 시인 등단(2008년), 《봄에게 길을 묻다》(2011년) 출간
현재 브레이크뉴스 신춘문예 심사위원으로 활동했다.
생존금융경제의 비밀 26(2011) 등 경제서적 10여 권 출간.
중앙대학교 경제학과와 한성대학교, 호서대학교 대학원에서 경영학 박사로서 현재 신한금융그룹 부부장으로 근무하고 있다.
150회 이상의 경제교육 경력과 어린이 신문 『어린이동아』에서 5년간 연재, 월간 『행복동행』과 월간 『신용경제』에 다년간 경제칼럼을 연재.
2003년 JA Korea 최우수자원봉사상, 2006년 디지털경제대상, 2009년 우수학술 논문상, 2010년 한국표준협회장상 수상.

가슴을 베다 · 27.2×34.8㎝ · oil on canvas

모용수 | Mo, Yong-Su

원광대학교 미술대학 및 동 대학원 졸업.
개인전 29회
한 · 일 참우정의 형태전(세종문화회관, 후쿠오카미술관). 서울 메트로 갤러리 개관기념전(서울, 메트로 갤러리). 한국화-오래된 미래 일레븐 한국화전(대한민국 예술원미술관). 2003한국국제 아트페어(코엑스). MANIF 2002 서울국제 아트페어(예술의 전당). MANIF 2007~2010 서울 국제 아트페어(예술의 전당). 2009 젊은작가 주역전(국민일보 갤러리). 2010 가가호호전(우림 갤러리, 서울). 작은 보물찾기전(갤러리 이즈, 서울). 인사미술제(본화랑, 서울)
현재, 일레븐 회원

가슴을 베다 _ 이일영

가슴에 기른 사랑 가슴을 떠나지 못하여
속살 꼬집어 오래 울었다.

그리움으로 꾸는 꿈은 사랑보다 길어
밤새워 부은 가슴에 쓰러진 잠
차마 깨우지 못하고 가슴을 베었다.

이일영 | Lee, Il-Young

1958년 전남 해남 출생
투자경제연구원 증권분석 연구원을 거쳐 미술분야에 진출
현재 한국미술센터 관장으로 재직 중

구름저편의 산 · 43×35㎝ · 한지에 채색

박항환 | Park, Hang-Hwan

한국의 자연전 초대 출품(국립현대미술관)
현대 미술 초대 작가전(국립현대미술관)
한국 전통 산수화전(국립현대미술관
대한민국 미술대전 심사위원 3회, 운영위원 3회
한국 예총 예술문화상 대상 수상(미술부문)
2008 우림화랑 초대전
제2회 북경비엔날레 출품(중국 북경)
한겨레신문사 초대전(세종문화회관)
대한민국 남농미술대전 운영위원장
현재, 한국화협회 회장

구름 저편의 산 _ 김종천
—이근배 시인

꽃이 피고 피고 피고 피고
또 피고나서야
시인이 되었다
결코 속성되지 않으면서
사상에 물들지도 않으면서
그렇게
전설을 피워냈다

언제나 할아버지 음성을 가슴에 담고 있어서
한산모시옷과 두루마기를
유난히 사랑하였다
되디 된 고생에 절은
어머니의 적삼도 사랑하였다
공초의 숨결과 노산의 기개
구상의 고아와 동리의 욕심
남조의 우아함까지 사랑하였다
무엇보다도
묵향범벅에 빠져서
큰 돈이 생기면
비싼 벼루사기에 흐뭇해 하고
문방사우 박물관 세우기를
필생의 소망으로 간직하며
충청도의 카랑카랑한 목청으로
모으고 또 모아서
꿈의 잔치, 그향기가
대한민국을 든든하게도 한다

무엇 하나
크게 서두르지 않으면서
싸목싸목
신화적 시인의 자세를
결코
흐트러뜨리지 않는다
그것이
사랑해야 될 것만을 사랑하는
그의 신조인 것이다
구름 저편의 산을 보듯이 보면

김종천 | Kim, Jong-Cheon

1943년 전북 남원 출생
『월간문학』 신인상 시 당선(1982)
한국문인협회 중앙대의원(1985)
국제펜클럽 한국본부 이사(1998)
현 『포스트모던』 주간

李根培 詩書畫

살다가 보면

특별 초대시

돌로부터 CCCXXIII · 32×41㎝ · 천 위에 채색

강길성 | Kang, Gil-Seong

서울대학교 미술대학 회화과(동양화 전공) 졸업
프랑스 Ecole Superieure des Beaux-Arts d' Angers 회화과 학사, 석사 및 응미과 석사 졸업
프랑스 Universite Rennes II Haute-Bretagne 조형예술학과 준박사 및 조형예술학 박사 졸업
1986~2011 개인전 22회(한국, 프랑스, 터키, 일본, 벨기에)
1997~2007 부스개인전 11회(KIAF, MAC 2000, MANIF 서울, Istanbul Art Fair 등)
1985~2011 다수의 단체전(프랑스, 한국, 일본, 중국, 독일, 미국, 헝가리)
이화여대, 추계예술대, 동덕여대, 국민대 강사 및 프랑스 엉줴고등미술학교 실기교수(1994~2003) 역임.
대한민국미술대전 외 다수의 미술대전 심사위원 역임.
현재 서울대, 한성대 출강. 문화일보 연재소설 삽화 연재 중.

산노래 _ 홍윤기

친구여, 산에 가 보세
가파르면 가파른 대로
또한 부드럽거나 험한 대로
저 정직한 자를 사귀어 보게나
멋쟁이 친구란 대하기 어렵듯
멋진 산 오르긴 조심스러운 것
저 푸른 호수 굽어볼 때
이 가슴 적시고 파짐은
내 찌들은 언어 말끔히 씻고픔인가
이제 찬바람 속 정상에 서서
깊은 숨 들이 마실 때 노을이 붉고
울분 같은 것 깡그리 잊었으니
오, 산, 산이여

홍윤기 | Hong, Yoon-Kee

한국외국어대학교 영어과 졸업. 日本센슈대학 대학원 국문과 문학박사. 日本센슈대학 겸임교원(어문학 담당교수). 한국외국어대학 외국어연수평가원 [일본 역사문화] 교수. 단국대학교(日本센슈대학 자매대학)대학원 초빙교수. 한국외국어대학교 교양학부 [일본 사회와 문화] 담당교수. 국제뇌교육종합대학원대학교 국학과 석좌교수(현재). 충청남도 도지사 [백제사] 정책특보. 왕인학회 회장. 한국문인협회 고문 · 국제펜클럽 한국본부 고문
한국외국어대학 재학중『현대문학』등단 시인(박두진 시인의 3회 추천 완료, 1959.4)
「서울신문」 신춘문예(1959.1) 시 〈해바라기〉 당선(김광섭, 박목월, 서정주, 김용호 시인 심사)
한국현대시 관계 주요 저서
《한국현대시 이해와 감상》(한림출판사, 1987). 《한국명시》(예림당, 1989)
《시창작법》(한림출판사, 1992). 《한국현대시 해설》(한누리미디어, 2003)
《한국의 명시감상》(한누리미디어, 2005) 外

생성 · 181

박현옥 | Park Hyun-Ok

이화여자대학교 및 동 미술대학원 졸업
개인전 15회 : 서울, 파리, 시드니
SOAF-서울오픈 아트페어(코엑스, 서울)/ 시카고 아트페어(아트프라자, 시카고)/ KCAF-한국 현대미술제(예술의 전당, 서울)/ 홍콩 아트페어(만다린 오리엔탈호텔, 홍콩).
LA 아트페어(컨벤션센터, LA)/ 부산 아트페어(벡스코, 부산)/ 쌍계중한 당대 미술가 작품요청전(안휘성 허베이, China)/ 싱가폴 아트페어(인터네셔널 컨벤션센터, 싱가폴)/ 아트시드니(Royal hall of industries, Sydney, Australia).
제7회 2000 KCAA-러시아 레핀대학 총장 초청 국제교류전 (Russia)
제8회 2000 KCAA-핀란드 헬싱키시장 초대 국제교류전 (Finland)

노을이 아름답다 _ 김후란

수채화 물감 번지듯
서쪽 하늘에
부드럽게 흐르는
노을이 아름답다

하느님은 참으로 정겨우셔라
묵상하는 가슴에 손 얹어 주시며
머뭇거리는 나를 위해
기도 함께 해 주시네

세월의 무늬
추억의 그림자 길게 남기며
빠르게 빠르게 달아나는 바람처럼
나도 하루 해가 짧다고
달려 왔지만

문득 멈춰 서서
저기 서쪽 하늘에
노래로 흐르는 노을을 보네
사라져 가는 것의
소중함을 생각하며.

김후란 | Kim, Hoo-Ran

서울에서 출생(1934~). 본명은 형덕(炯德).
서울대학교 사범대학 수학. 현재 '문학의 집 서울' 이사장.
『현대문학』에 시 〈오늘을 위한 노래〉(1959. 11), 〈문(門)〉(1960. 4), 〈달팽이〉(1960. 12) 등이 추천 완료되어 문단에 등단했다. 시집 《장도(粧刀)와 장미》(1968), 《음계(音階)》(1971), 《어떤 파도》(1976), 《눈의 나라 시민이 되어》(1982), 《사람 사는 세상에》(1985), 《숲이 이야기를 시작하는 이 시각에》(1990), 《서울의 새벽》(1994), 《우수의 바람》(1994), 《세종대왕》(장편서사시, 1997) 등이 있다.

공즉시색 · 30×22.7㎝(타원) · acrylic on canvas

강석우 | Kang, Seok-Woo

1981 동국대 연극영화학과 졸업. 2005 연세대 언론홍보 최고위과정 수료
2009 SBS연기대상 조연상. 2008 MBC연기대상 라디오진행상 외 다수 수상.
〈웃어라 동해야〉(KBS 일일), 〈그대 웃어요〉(SBS 주말), 〈걸어서 하늘까지〉 외 영화 및 드라마 다수. 2011~현재 '하늘빛 향기' mc(CGN-TV). 2010~현재 '세대공감 토요일' mc(KBS2). 2007~현재 '여성시대' MBC 라디오 진행

–미술전시회 경력
2006~2007 강석우 · 나연신 2인전(AKA Gallery). 2007 개인전(인사 아트센터)
2008 MayJune 갤러리 개관전(갤러리MayJune) 안국갤러리 개관전, 국립의료원 개관전
2010 아티스타전(부산 롯데, 갤러리 에비뉴엘, 갤러리 일산롯데)
2011 소리 없는 울림전(국회의원회관 중앙홀)
아트페어 다수 참여(국민일보-현대미술제, 부산국제아트페어, SOAF, KCAF)

존재 우수 _ 이수화
—이슬

세상에
저리도 거룩한
슬픔

일생일대(一生一代)
단 한 순간
맺은 사리(舍利)

그조차
버리고
가심이여

이수화 | Lee, Soo-Hwa

1962년 『현대문학』지로 데뷔.
고려대학교 문인회 시분과 회장 역임.
연세대학교 교육대학원 동창회 고문.
미국 I.A.E.U 명예문학박사.
(사)한국문협 · 한국 펜클럽 부이사장 역임.
서울시낭송 클럽 대표.
미당 서정주 시회 회장.

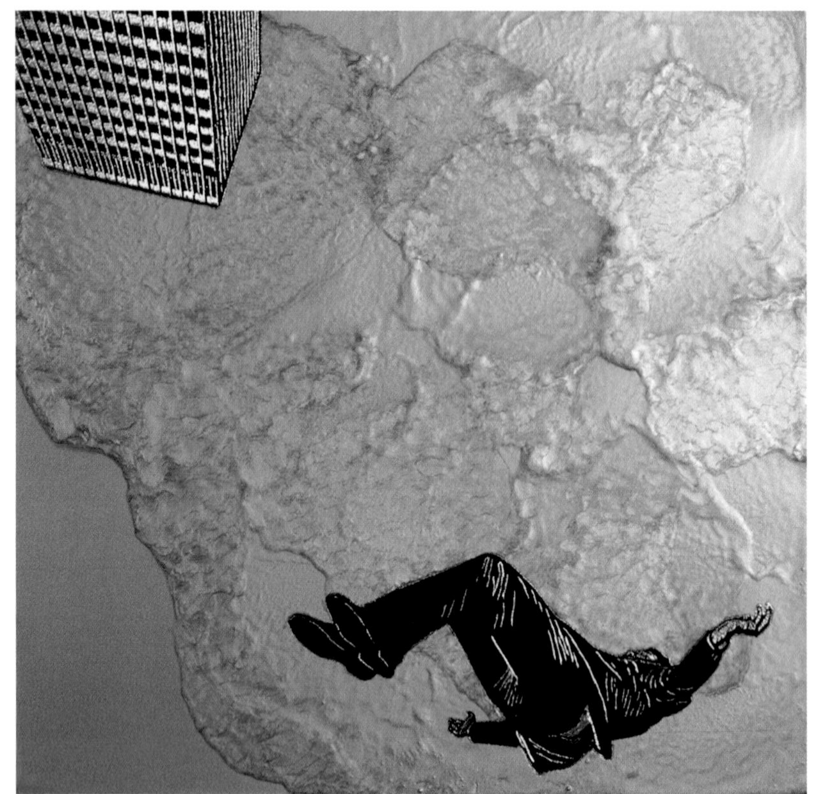

Work11-031 · 45×45㎝ · Grinding and poly-acryl urethane on aluminum

고 헌 | Koh, Hun

개인전14회
2011 Synchro(Artscape_seoul, 서울)
2010 제10회 KCAF 한국현대미술제(예술의전당 미술관, 서울)
2009 KIAF(COEX, 서울)
2008 미술과 놀이(예술의전당 미술관, 서울)
2008 Art Karlsruhe(Messe Karlsruhe, Karlsruhe)
2007 st-art 12e edition(Strasbourg wacken, Strasbourg)
2004 광주 비엔날레 주제전 '클럽' (비엔날레 전시장, 광주)
2002 Jeune Creation(Grande-halle de la villette, Paris)
2001 중앙미술대전 대상

서리꽃 _ 유안진

손발이 시린 날은
일기를 쓴다

무릎까지 시려오면
편지를 쓴다
부치지 못할 기인 사연을

작은 이 가슴마저
시려드는 밤이면
임자 없는 한 줄의
시를 찾아 나서노니

사람아 사람아
등만 보이는 사람아

유월에도 녹지 않는
이 마음을 어쩔래
육모 서리꽃
내 이름을 어쩔래

유안진 | Ryu, An-Jin

경상북도 안동(安東)에서 출생(1941～).
서울대학교, 미국 플로리다주립대 대학원 수료.
1965년『현대문학』에 시 〈달〉, 〈위로〉, 〈별〉 등이 추천 완료되어 문단에 등단했다.
시집 《달하》(1970), 《절망시편(絶望詩篇)》(1972), 《물로 바람으로》(1975), 《그리스도 옛 애인(愛人)》(1978), 《달빛에 젖은 가락》(1981), 《영원한 느낌표》(1985), 《꿈꾸는 손금》(1987), 《월령가 쑥대머리》(1987), 《구름의 딸이요 바람의 연인이어라》(1990), 《누이》(1995), 《봄비 한 주머니》(1999), 《다보탑을 줍다》, 《둥근 세모꼴》 등 15권의 신작 시집.
《세한도 가는 길》 등 시선집 다수. 《지란지교를 꿈꾸며》 등 산문집 다수
정지용문학상, 소월문학상, 월탄문학상, 이형기문학상, 구상문학상, 유심작품상, 펜문학상 등 수상.

미소 · 37×15×31㎝ · 화강석

국경오 | Kug, Kyung-Oh

국내외 개인전 27회, 아트페어 43회, 단체전 초대전 350회
선화랑 기획 초대 개인전(서울 선화랑)
LA 라디오 코리아 초대 개인전(미국 라디오 코리아)
시카고 아트페어 2회 참가(시카고)
마이애미 아트페어 참가(마이애미)
바젤 스코프, 상하이, 시드니 아트 페어 참가
KIAF 한국 국제 아트페어 5회 참가, MANIF 3회 참가
한국화랑 미술제 12회 참가, KCAF 6회 참가
봉산 미술제, 청담 미술제, 부산 국제 미술제 참가
한국 미술 정예 작가상, KCAF 천년 작가상 수상

우수(雨水) _ 양성우

겨울이 가도 어둡고
답답한 산천,
안개낀 우수에
끓어 오르는 가슴의 피 누르며
나는 그대를 손꼽아 기다리고,
내가 이 세상
잠깐 동안의 나그네이듯이
사람들은 북을 치며
모두 떠났다.
말하라 그대,
안개낀 우수에
나는 여기 지금도 갇혀 있으니
저 벌판을 그대 없이
어떻게
물같이 흐르랴

양성우 | Yang, Sung-Woo

전라남도 함평에서 태어났다. 본관은 남원(南原)이다.
1975년 양성우는 교사로 일하고 있었는데, 박정희 군사독재를 비판한 〈겨울공화국〉를 낭독하여 교직에서 파면되었다. 1977년에도 저항시를 써, 일명 노예수첩 필화사건이 터졌다. 그 결과 1979년까지 감옥에서 지냈다. 이후 1987년 국회의원에 당선되었으며 2009년 8월 11일 한국간행물윤리위원회 위원장에 선출되어 현재까지 재임중에 있다.
주요시집으로 《발상법》《신하여 신하여》《겨울공화국》《청산이 소리쳐 부르거든》 등이 있으며, 1985년 제4회 신동엽창작기금을 수혜 받았다.

삶-열정 · 27.7×19.3㎝ · 한지 부조에 혼합 채색

김동광 | Kim, Dong-Kwang

영남대학교 미술대학, 동대학원 동양화과 졸업. Cohen University 명예교육학 박사.
개인전 24회(서울, 대구, 마산, 중국, 미국, 유럽 등). 한국현대작가초대전(일본 동경). 살롱도톤느 한국화 15인 특별초대전(파리). 한국의 빛 전(이태리 밀라노). 한국대표작가초대전(MBC 미국개국기념 : 미국). 광주비엔날레 한국중견작가 초대전(광주비엔날레 전시장). 한 · 중수교기념 대표작가 초대전(예술의 전당 미술관). 한국현대미술전(중국) 등 국내외 300여 회 전시
수상 : 미국 오바마 대통령상(2009), 서울시장상(환경미술상), 중국국제전 금상(남경) 우수작가상(요동성 국화원 원장상), 대한민국미술교육상(2001) 등
심사 · 운영 : 대한민국 미술대전심사위원 등 전국 운영 · 심사 200여 회
현재 : 대구예술대학교 한국미술콘텐츠학과 교수, 예술한지연구소장 등

잠 _ 문정희

사그락 사그락 모래알로 집을 짓다가
지금은 그 집 속에 들어가 잠을 자는 시간
잠 잠 이 말 참 좋다 고단한 낙타여
여기가 사막이면 어떠랴

하늘에도 영롱한 노숙의 별들은 많다
잠자고 또 잠을 자고
지상에 슬픈 아이 하나 만들어도 좋으리

제 등에다 제 몸을 얹고
우리는 순응처럼 오래 걸었다
밤이 물비늘처럼 부드러운 담요를 둘러 주는 시간
순례는 항구에 닻을 내린다
성자처럼 깨어 있는 것만이 위대한 것은 아니다
너와 나의 숨 가쁜 사랑도 좀 느슨하게 하고
전쟁과 돈의 공포는 잠시 잊어도 좋다

우리가 잠을 자는 동안 천 년이 흘러
흰 개의 달이 아까운 심장을 반쯤 베어 먹어도
잠이 아니면 꿈의 미로와 그 틈새를
어떻게 들어가 볼 수 있으랴
영원한 큰 잠이 데려가기 전
잠 잠 이 말 참 좋다 사랑하는 낙타여

문정희 | Moon, Jung-Hee

명시 〈고독〉으로 널리 애독자를 거느리는 문정희(文貞姬) 시인은 현재 동국대학교 국문학과 석좌교수다. 대표시집으로 시집 《남자를 위하여》, 《오라, 거짓 사랑아》, 《양귀비꽃 머리에 꽂고》, 《나는 문이다》 등 12권이 있다. 특히 국제적으로 널리 활동하고 있는 문정희 시인은 미국 뉴욕 Hawks Publishing에서 시집 《Windflower》(2001), White pine press에서 《Woman on the Terrace》(2007)가 출판되었고, 독일 Edition peperkorn 출판사에서 《양귀비꽃 머리에 꽂고》(2007), 마케도니아 Ditet naimit 에서 《Song of Arrows》(알바니아어, 2007)가 출판되었다. 엔솔로지로 스페인어, 일본어, 히브리어, 일본어 등으로도 번역 출간되었다.

자연 · 193×130㎝ · oil on canvas

김동철 | Kim, Dong-Chul

홍익대학교 미술대학 서양화학과 졸업. 홍익대학교 대학원 서양화학과 졸업
개인전 15회. 2010 전북현대미술제(전주소리 문화의전당, 전주). 2008 찾아가는 미술관, 통영(국립현대미술관, 통영페스티벌하우스). 2007 제주현대미술관 개관기념, 신화를 삼킨 섬(제주현대미술관, 제주). 2007 The message from Korea(Bonigton Gallery, 영국). 2006 Two Landscape Artist Exhibition(Gallery Xpose , 뉴욕). 2006 파주현대작가전(북하우스갤러리, 파주 헤이리). 2005 화랑미술제(예술의전당, 서울). 2003 Best Star Best Artist(인사아트센터, 서울) 외 주요단체전 및 아트페어(상하이, 뉴욕, SOFA, 한국국제아트페어 등) 다수
작품소장 : 서울시립미술관, J.W 메리어트 호텔(서울), SK 리더스뷰, DOLL HOUSE(뉴욕), 마루한(일본), 인터콘티넨탈 호텔(서울), 외교통상부, 대검찰청, 한국은행, 인천지방검찰청, 금융감독원 ART BANK, 오션힐C.C 外 다수

달 속의 뼈 _ 안혜초

왜 그런지 모르겠다
이즈음에 이르러선
밤으로 낮으로
이따금씩 달 생각이
떠오르고
비 바람에 닳고 닳은
저 둥그러운 되쏘임 빛
얼기설기 들여다보이는
계수나무 뼈

눈물의 뼈
願望의 뼈
분노의 뼈
忍苦의 뼈
용서함의 뼈
잊지 못함의 뼈

이도 저도 제가 되어가는
가정이 뼈 가운데서
맨 마지막으로
삐걱대고 있는
사랑함과
사랑하지 않음의 뼈

감사함의 뼈.

안혜초 | An, Hye-Cho

이화여대 영문학과 졸업. 1967년 『현대문학』 3회 추천 완료. 다년간 신문기자 역임, 세계여기자작가협회 한국지부 부회장 역임. 국제펜클럽 한국본부 이사, 한국문인협회 대외협력위원. 한국현대시협 부회장, 현 지도위원. 한국기독교문인협회 부회장, 현 자문위원. 한국시인협회 기획위원, 한국여성문인회 이사. 이화여대 동창문인회 회장, 현 고문. 시집 《귤 · 레먼 · 탱자》《달 속의 뼈》《쓸쓸함 한 줌》《아직도》《그리고 지금》《살아있는 것들에는》. 산문집 《사랑아, 네 어찌 그리 아름다운지》《내 안의 또 한 사람》(서한문집). 중국어역시집 《愛情現在時》. 수상 : 한국기독교 문학상(1993), 이화를 빛낸 상(문학 · 1993), 문학21 대상(2000), 서울문예상(2001), 윤동주문학상(2001), 청하문학상 대상(2004), 순수문학상 대상(2006), 한국문학예술대상(2010).

정물장생도 · 40.9×31.8㎝ · acrylic on canvas

김만수 | Kim, Man-Su

1971~74受學 : 송혜수 선생님(동경제국미술학교 졸, 서양화 1세대)
개인전 19회(한국, 미국, 독일, 프랑스).
2011 시차전(팔레드서울). 2010 매경 한국미술의 힘과 아름다움(COEX). 2009 제주의 빛(예술의 전당). 2004 한국미술의 방법과 표현(북경 중앙미술학원미술관), 한국현대미술 100+1(필라델피아). 2003 七人七色(중화갤러리, 일본 동경). 1998 Figuration Critique(파리) 외 국내외 주요 단체전 및 아트 페어 다수 참여(서울, 홍콩, 싱가폴, 미국, 중국 , 독일 등)
작품소장 : 중국문화부장관, 인도한국대사관, 국립현대미술관
KBS(문화가 보인다, 제주가 보인다), JIBS, KCTV, 2011 동국제강 달력
수상 : 2011 한국미술작가 대상. 2009 한국을 이끄는 혁신리더 문화예술부문 선정(뉴스메이커). 2004 현대조형작가상 수상

적벽 _ 박주관

가을 하늘 아래
단풍진 나무들 얌전히 솟아 있다
수몰된 마을 앞에서
바라보는 저 붉게 빛나는
바위의 아름다움!
어린시절 놀러와 보았던 그때보다
더 장중하고 우람해 이 또한 절경이다
조선조 개혁자 최산두가 감탄했던
그 당시의 살아있던 현상같이 어찌
장엄한 풍광이 아닌가
그가 감격해서 명명했던
적벽이 늘 살아서 우뚝 서 있다
잔잔한 물 위로 나뭇잎 한 잎 떨어지고 있다

박주관 | Park, Ju-Kwan

시인 겸 언론인. 1953년 전남 광주 출생
동국대 대학원 국문과 졸업
1972년 『풀과 별』에 시 〈젖어서 사는 의미〉 등이 추천되어 등단
2001 제3회 천상병문학상 수상
저서 : 시집 《남광주》《몇 사람이 없어도》《사랑을 찾기 위하여》

자연과 나1 · 38×28㎝ · 한지에 수묵담채

김명자 | Kim, Myung-Ja

서울 교대, 단국대 교육대학원 미술교육과 졸업
개인전 4회 : 99 주미한국대사관 문화원. 02 대한민국 미술축전. 02 갤러리 라메르
03 미주 4개도시 순회전(워싱턴, 뉴욕, LA, 시카고)
1994 대한민국 미술대전 서예부문 우수상 수상(한국미협). 1999, 2004 대한민국 미술대전 서예부문 초대작가 심사위원 역임. 2001 동아미술제 초대작가, 심사위원 역임. 월간 서예대전 초대작가, 심사위원 역임. 예술의 전당 청년작가선발 심사위원 등 각종 대회 심사 다수
한국미술협회 이사, 서예분과 부위원장 역임. 성균관대 서예전문과정 강사 역임, 단국대 사회교육원 출강. 세계서예 전북비엔날레 조직위원
서울교육대학 미술교육과, 평생교육원 출강

대설 _ 김경희

애타던 날들의 깃발은
그래서,
천만 번 흰 것을……

落木의 시절
혼자 영글은 冬柏은
그래서,
죽도록 붉은 것을……

지치고
무성한
것들이여
돌아와야만 해
돌아와야만 해

望鄕의 귀신이 되어

일흔 살이 되어

조국이 되어

김경희 | Kim, Kyung-Hee

1950년 서울 출생
중앙대 문예창작과 졸업
1975년 『현대문학』에 〈강〉 〈대설〉 등이 추천되어 작품활동 시작
1983년 첫시집 《꽃기린》 간행하고
1994년 두번째 시집 《작은새》(창작과비평사)간행
현 부천 계남중학교 교사

바다 · 46×36㎝ · 한지에 채색

김보희 | Kim, Bo-Hie

1974 이화여자대학교 미술대학 동양화과 졸업. 1976 동 대학원 순수미술과 졸업, 혜원 신윤복 연구. 현 이화여자대학교 조형예술대학 동양화 전공 교수.
개인전 13회. 2008 갤러리인, 서울. 2006 학고재, 서울. 2004 카이스 갤러리, 서울. 2001 현대예술관, 울산/갤러리 아트 사이드, 서울. 1980~2000 아트 스페이스 서울 , 카이스 갤러리, 신세이도 화랑(新生堂), 월전미술관, 갤러리 63, 갤러리 현대, 동덕미술관, 출판문화회관 및 주요 단체전 다수
주요수상 : 1992 제2회 월전미술상
1983 제2회 대한민국 미술대전 특선
1982 제1회 대한민국 미술대전 특선
1981 제30회 국전 특선/제17회 한국미술협회 은상

들소 _ 이상규

나무 위로 종이배 떠나간
하늘은 늘 빈 공간이다
달과 태양은
어느 화동이 이 땅에 남긴 흔적들
하늘과 땅을 뒤흔들던
달리던 들소 떼는
비가 되어 내리다
산이 되었다
태양과 달이 함께 떠오르는 날
억센 들소 등뼈는
안개가 되었다
텅 빈 하늘을 메우는
심약한 화동은
석회 동굴에서 살고 있다.

이상규 | Lee, Sang-Kyu

1953년 경북 영천 출생
경북대 국어국문학과 및 동 대학원 졸업
『현대시학』지에 〈안개〉 등 시로 등단
시집 《종이 나발》, 《대답 없는 질문》, 《거대한 집을 나서며》 등
대구경북지방분권운동 공동대표
일본동경대학교 대학원 객원 연구교수 및 울산대학교 교수 역임
국립국어원 원장 역임. 현재 경북대 교수

느린 풍경-길은 노래로 · 53×33㎝

김선두 | Kim, Sun-Doo

중앙대학교 예술대학 한국화과 졸업/ 동 대학원 졸업
중앙대학교 미술대학 한국화학과 교수
1992~2010 개인전 16회(금호미술관, 학고재갤러리 외)
–주요 단체전
2010 '21& 그들의 시간들', 금호미술관
2009 '동양화 새천년 기획XX-한국화의 현대적 변용', 예술의전당 한가람미술관
2007 아르코-ARCO, 마드리드, 스페인
2006 시카고 아트페어, 시카고, 미국
2005 쾰른 아트페어, 쾰른, 독일
2003 '취화선 그림으로 만나다', 금호미술관, 서울 외 다수…….

望, 부엉이 바위에서 _ 선진규

부엉이 울음만 남기고 둥지 떠난 여기
그토록 푸른 꿈 지난날이 아쉬워
오늘 따라 이 곳 짙은 상념(想念)에
불을 지핀다

과거는 단절된 망각에 가리워지고
현재와 미래가 혼돈의 시간 속에
머물러 있는 곳
바라만 보고 넋을 잃은 사람들
바라만 보고 눈물짓는 사람들
바라만 보고 합장하는 사람들
이들에게 절망과 좌절은 죽음과도 같은 것
어쩌다가 이렇게 되었는지 안타까울 뿐…

답답한 마음 절규로 토해낸다.
"다시 깨어나야 한다!" 고
끝과 시작은 둘이 아니요
높낮이는 요철(凹凸)의 법칙이라
어디서 들려오는 생명의 소리가 있다

대낮을 알리는 수탉의 울음소리
어두운 질곡을 쪼아대는 봉화산의 딱따구리
꿈이 서린 벼논을 줄지어 다니는 오리들의 지저귐
머무름이 있는 곳에 일어나라는 소리 소리들…

넋잃은 사람들아 이 소리가 들리지 않는가…?!
눈물짓는 사람들아 울음을 멈추자
합장하는 사람들아 소망을 기도하자

살아 움직이는 생명의 소리들이
침묵의 바위를 두드리고
두터운 구름에 가리웠던 이 곳에
밝은 햇살이 강렬하게 비추고 있다

멀리 아득한 곳으로 떠난 모두가
되돌아옴을 알리는 서운(瑞運)이
한없이 꼬리를 물고 나타나고 있는데…

사람아 우리 사람아 이제는 깨어나야 한다
우리 스스로 새롭게 깨어나야 한다.

선진규 | Sun, Jin-Kyu

경남 김해 진영 출생(1934년). 동국대학교 불교학과 졸업, 총학생회장 역임. 창원대학교 대학원(환경공학) 졸업. 봉화산 정상에 '호미든 관음상' 건립(1959년 4월 5일). 대한불교 조계종 상임포교사. 대한불교 청년회 회장. 대한불교 조계종 전국신도회장. 경상남도(울산 포함) 도의회 무소속의원(33명) 교섭단체 결성 및 회장 역임. 동국대학교 객원교수, 대학원 겸임교수. 한국불교문인협회 회장(현). 한민족평화통일 전국노인회 회장(현)
대표저서 : 《부처님의 삼대선언》(3만부 출간)
〈청소년 환경윤리관 확립에 관한 연구〉(논문)
〈불교포교론〉(연구논문)

메밀꽃 필 때 · 24.5×69.5㎝ · 한지에 채색

김옥희 | Kim, Ok-Hee

개인전 3회(인사아트센터), (프랑스, 파리, 미리엄 갤러리), (갤러리 라메르)
부스개인전 10회 및 초대전 다수(한국, 미국, 중국, 일본, 프랑스, 필리핀, 홍콩, 독일, 스위스 등 다수). 칼슈르에 아트페어(독일), 제네바 아트페어(스위스), LA 아트페어(미국), 상하이 아트페어(중국), 홍콩 국제 아트페어(홍콩), 동경탑갤러리호텔 아트페어(일본), A&C 아트페어(서울미술관) 등 다수
대한민국 미술대전 한국화부문 특선, 여성작가공모전 동양화부문 금상
전국서예올림픽 문인화부문 특선, 경향신문공모전 한국화부문 2회 입선
전국소치미술대전 동양화부문 특선, 단원미술제공모전 한국화부문 입선
현재 : 한국미협, 강남미협, 대한미협, 아트피아회, 묵경회, 예연회, 예묵회, 한국여성미술작가회 동방예술연구회 회원.

풀꽃으로 우리 흔들릴지라도 _ 김현숙

우리가 오늘 비탈에 서서
바로 가누기 힘들지라도
햇빛과 바람이 세상맛을
온몸에 듬뿍 묻히고 살기는
저 거목과 마찬가지 아니랴

우리가 오늘 비탈에 서서
낮은 몸끼리 어울릴지라도
기쁨과 슬픔이 세상 이치를
온 가슴에 골고루 적시며 살기는
저 우뚝한 산과도 무엇이 다르랴

이 우주에 한 점
지워질 듯 지워질 듯
찍혀 있다 해도.

김현숙 | Kim, Hyun-Sook

경북 상주 출생. 경북여고 졸업. 이화여대 영문학과 졸업. 중등교사/ 연화복지관 관장 역임
1982년 『월간문학』으로 등단
1989년 윤동주문학상, 2005년 송파문화원 공로상, 2011년 한국문화예술 대상 수상
한국문인협회, 한국시인협회, 한국여성문학인회 회원. 국제펜클럽 한국본부 회원
이대동창문인회 감사
「화답시」 동인. 송파문화원 시창작 강사. 문예대학 강사. 『한국작가』 주간
시집 : 제1시집 《유리구슬 꿰는 바람》, 제2시집 《마른 꽃을 위하여》, 제3시집 《쓸쓸한 날의 일》, 제4시집 《꽃보라의 기별》, 제5시집 《그대 이름으로 흔들릴 때》, 제6시집 《내 땅의 한 마을을 네게 준다》, 제7시집 《물이 켜는 시간의 빛》 등
공동수필집(서영은 외) 《사랑은 노을 속에 무너져 내리고》

진달래-축복 · 30×29.5㎝ · 과반에 유채

김정수 | Kim, Jung-Soo

홍익대학교 미술대학 및 파리 헤이터 판화공방 수학. 1983년 2월 도불
기획초대전 27회
GALLERY VALMAY(파리), GALLERY HANI(프랑크프루트), SCENT GALLERY(시카고), CENTER GALLERY(워싱턴), GALLERY3(로스엔젤레스), CJ GALLERY(샌디에고), JIM HARTER GALLERY(로스엔젤레스), 예술의 전당 ART MUSEUM(서울), KIKUTA GALLERY(도쿄 긴자) 등. LA, SANDIEGO, 서울, KIAF 등 아트페어 참가
초대전 및 상설전시(Gallery VALMAY(Paris), Gallery Gatia Granoff(Paris), Kwokon Museum(Paris), Gallery Karsenty(Monaco), Gallery 825(L.A), CJ Gallery(SanDiego), 갤러리 유겐(Tokyo Ginja), 국립현대미술관, 예술의전당 한가람미술관(서울)
국내외 200회 그룹전 및 초대작가전 전시

달맞이꽃 _ 김종섭

풀잎이 찬 바람에 누워
별들을 세고 있는 강둑에서
꽃처럼 기운 달을 기다리고 있었다

가슴에 한 점 온기도 없이
이슬에 젖은 꽃잎을 떨굴 때
언덕은 조용히 일어나
마른 대궁이를 꼿꼿이 세우고
감기저린 바람을 막아내고 있엇다

비틀대던 욕망은
강둑에 떨어져 잘려 나면서
손을 저었다, 너를 향하여

그림자 지운 적막한 언덕에선
시든 달맞이꽃 그날을 웃고 섰는데
어쩌란가, 정말 어쩌란가
꺼지지 않는 불씨 하나
끝나지 않은 사랑의 연습을

강물이 열리고
잠든 평원에 강물이 열리고
우수 같은 첫눈이 녹아지면서
또 내리고 있는데
달맞이꽃, 그날 우리는
다시 역류의 언덕에서 바라보겠네
잃어버린 세월 마디를 풀며
조용히 이별을 준비하고 있는 것을.

김종섭 | Kim, Jong-Seop

『월간문학』 신인상 시 당선으로 등단
시집 《환상조》 등 10권
산문집 《동백과 산수유 사이》
시감상집 《시의 오솔길을 찾아서》 출간
윤동주문학상, 조연현문학상 등 수상
현재 : 한국문인협회 부이사장, 대통령실부속 사회통합위원회 위원, 한국시인협회 상임위원

바람이 들려준 이야기 · 35×35㎝ · mixed media

김지연 | Kim, Ji-Yeun

이화여자대학교 동양화과 졸업, 동 대학원 졸업
개인전 7회(갤러리 올, 아트앤컴퍼니 기획초대, 서울 시립미술관, 예술의 전당. 세종문화회관). 상해 아트페어(상해 무역센터). 베를리너리스트(국립현대미술관, 독일). 골든아이 아트페어(코엑스 인도양홀). 서울 오픈 아트페어 2009, 2010(코엑스 인도양홀)
LA Art Show(Los Angeles Convention Center)
한 · 일 현대미술의 단면전(후쿠오카 시립 아시아미술관)
한국화의 현대적 변용(예술의 전당)
East Meets West(Jane Sandelin Gallery, Washington D.C)
한국화 - 옛뜰에 서다(예술의 전당)
현재 : 춘추회, 한국화 여성작가회 회원. 롯데마트 문화센터, 롯데백화점 문화센터 강사

눈 _ 이규형

어젯밤
내리던 눈을 당신이 지켜보는지 몰랐어요
하얀 눈이 당신 눈에 비치며
온 세상을 하얗게
그리고 조용히 물들이는 줄 알았다면
어느새 그 옆으로 날아가
같이
흰 눈을 좇았을 거예요
영롱한 불빛을 머금은
크리스마스 트리의 작은 방울들은
창 밖 눈빛에 더욱 빛나고
나는
당신의 맑은 눈빛에 묻히어
눈이 시려워
또 바보가 될지 몰라요
하얀 눈과 같이
포근히
언제까지나

이규형 | Lee, Kyu-Hyung

서울대 외교학과 졸업
1974년 외교부 입부, 유엔과장, 유엔공사
참사관, 국제기구 정책관, 중국공사
방글라데시 대사, 외교통상부 대변인
외교통상부 제2차관, 주 러시아 대사 역임
(현)주중국 대한민국 대사
시집 《때로는 마음 가득한》 외

사랑을 위한 노래 · 27×24㎝ · 화선지에 수묵 채색

김충식 | Kim, Choong-Shik

서울교육대학교, 홍익대학교 대학원, 미술학박사. 스카이라이프 예술TV 한국화아카데미 출연. 제37회 개인전(서울, 파리, 동경, 상해, 마닐라 등). 그룹 및 초대전 400여 회
대한민국미술대전, 충북미술대전, 여성미술대전, 회화대전, 경기미술대전, 목우회공모전, 강원미술대전, 신사임당미술대전, 단오미술대전, 행주미술대전 심사위원
저서 : 쉽고 재미있는 한국화 그리기(2001, 학지사), 한국화야 놀자(2004, 양서원), 선생님, 바탕칠해요(2004, 양서원), 환쟁이의 이야기와 그림(2006, 양서각)
경인교대, 서울교대, 수원대, 경원대, 경기대, 인천대 강사, 수원여대 겸임교수 역임
현재 : 충북미술대전 초대작가, 후소회, 목우회, 재경충북작가회장, 국가보훈문화예술협회 부회장, 경기도미술협회 부이사장, 경기광주미술협회장, 서울교육대학교, 동원대학, 아이코리아 출강, 한국청소년미술협회 연수원장

시간의 눈금 _ 김선옥

자꾸 몸을 부풀리는 나무를 본다.

햇살 받아 삐죽이 고개 내미는 연초록 잎새.
뿌리며 가지며 이파리를 송두리채 흔들면서
위풍당당 솟구치는 나무를 본다.

그것들은
부피를 넓히고
높이를 드높이며
커가는 내력도 모르는 채
동동대며 발돋음만 친다.

천진난만 커가는
어린 손녀를 보며
슬프고 처연한 시간의 눈금을 확인한다.

김선옥 | Kim, Seon-Ok

전남 무안에서 태어났고 KBS라디오 제작센터장과 KBS아트비전 상임이사를 거쳐 현재 경인방송 전무이사로 재임중이다. 1987년 『심상』 신인상을 통해 등단했고, 시집 《오후 네시의 빗방울》《모과나무에 손풍금소리가 걸렸다》, 공저 시집 《밥보다 더 큰 슬픔》이 있다. 현재, 심상시인회, 한국시인협회, 국제펜클럽 한국본부 회원이다.

제주생활의 中道 · 57×47㎝ · 장지 위에 혼합재료 · 2007

이왈종 | Lee, Wal-Chong

중앙대학교 회화과 및 건국대학교 교육대학원 졸업
개인전 23회 : 서울, 부산, 뉴욕, 퀼른, 파리, 상해, 도쿄
역대 국전수상작가전(국립현대미술관)/ 한국화 100인전(호암갤러리)/ 한중미술협회 교류전(예술의전당)/ 서울국제현대미술제(국립현대미술관)/ 서울미술대전(서울시립미술관)/ 남북평화미술전(도쿄, 일본)/ 도시와 미술전(서울시립미술관)/ 0의 소리전(성곡미술관) 가나아트센터 개관기념전(가나아트센터, 서울)/ 세계평화미술제전 2000(예술의전당)/ 꿈과 일상의 중도(갤러리 현대)/ 신축 금호미술관 개관전
수상 : 제5회 월전미술상, 한국미술작가상, 제2회 미술기자상, 제23회 국전 문화공보부 장관상

자화상 _ 강만식

존경하는 장관님, 의원님과 내외 귀빈 여러분, 그리고……
나는 '그리고' 였다.
이 자리를 빛내 주신 회장님, 사장님과 사회 각계 각층에서 활약하는 선 · 후배님 외에……
나는 '외' 였다.
원로 문화 예술인과 선 · 후배 동료 작가를 비롯한 영예의 수상자와 참석하신 분 등……
나는 '등' 이었다.
먼 날까지 나는 '여러분' 이고 '그 밖' 이며 '자리에 참석한' 일 것이다.

강만식 _ Kang, Man-Sik

충남 예산 출생
『통일문학』 편집인 겸 주간
한국문인협회 회원

잇기(緣) · 41x27㎝ · 천에 채색

박명선 | Park, Myung-Sun

경희대학교 미술대학 졸업 및 동 대학원 졸업. 홍익대학교 대학원 미술학 박사
개인전10회(가람화랑, 갤러리사비나, N.Y, 러시아, Tokyo, 학고재, 서호미술관 등)
화랑미술제(서울), 한국 국제 아트페어(서울), 시카고 아트페어(Chicago)
상하이 아트페어(Shanghai), SOAF 오픈 아트페어(COEX 인도양홀)
MANIF14! 08,09 Seoul 서울 국제 아트페어(Seoul) 외 단체 초대전 250여 회 참여
대한민국미술대전 · 단원미술대전 심사위원, 경기미술대전 운영위원 등 역임
작품소장 : 국립현대미술관 아트뱅크, 서울시립미술관, 서산지방경찰청, 한미은행 등
현재 : 경희대학교 겸임교수, 경기대학교 대학원 강사, 일레븐, 동행 등

七八月 _ 문태준

여름은 흐르는 물가가 좋아 그곳서 살아라

우는 천둥을, 줄렁줄렁하는 천둥을 그득그득 지고 가는 구름

누운 수풀더미 위를 축축한 배를 밀며 가는 물뱀

몸에 물을 가득 담고 있는, 불은 계곡물

새는 안개 자욱한 보슬비 속을 날아 물버들 가지 위엘 앉는다

물안개 더미같이, 물렁물렁한 어떤 것이 지나가느니

상중(喪中)에 있는 내게도 오늘 지나가느니

여름은 목 뒤에 크고 묵직한 물주머니를 차고 살아라

문태준 | Moon, Tae-Jun

1970년 김천 출생.
1994년 『문예중앙』으로 등단.
시집으로 《수런거리는 뒤란》, 《맨발》, 《가재미》, 《그늘의 발달》이 있음.
미당문학상, 소월시문학상, 노작문학상, 동서문학상, 유심작품상 수상.

꿈꾸는 호랑이 · 32×32㎝ · 캔버스에 채색

남정예 | Nam, Jung-Ye

필리핀 국립이리스트대학교 미술학 명예박사. 홍익대학교 미술대학원 동양화과 졸업. 성신여대 미술대학 공예과 졸업. 2008년 문화체육관광부 장관상 수상

개인전 8회(한원 미술관, 아트앤컴퍼니 기획초대전, 갤러리 아이 기획초대전, 홍익대학교 미술대학원 석사학위 청구전, 진천 종박물관 기획초대전, 예술의전당 한가람 미술관, PICI 갤러리, 인사아트센터)

단체전 : 2011 독일 괴테문화원 초대전(독일 괴테문화원).
한중 현대미술초대전(서울시립미술관). 그 외 60여 회 그룹전

현재 : (사)국가보훈문화예술협회 중앙운영위원, (사)한국미술협회 민화분과 위원
월간 아트밴트 기획이사, 대한민국 여성미술대전 심사위원
대한민국 글로벌 미술대전 운영위원, 국립민속박물관 민화 강사

호랑이 발자국 _ 손택수

가령 그런 사람이 있다고 치자
해마다 눈이 내리면 호랑이 발자국과
모양새가 똑같은 신발에 장갑을 끼고
폭설이 내린 강원도 산간지대 어디를
엉금엉금 돌아다니는 사람이 있다고 치자
눈 그친 눈길을 얼마쯤 어슬렁거리다가
다시 눈이 내리는 곳 그쯤에서 행적을 감춘
사람인 것도 같고 사람 아닌 것도 같은
그런 사람이 있다고 치자 그래서
남한에서 멸종한 것으로 알려진
호랑이가 나타났다, 호랑이가 나타났다
호들갑을 떨며 사람들이 몰려가고
호랑이 발자국 기사가 점점이 찍힌
일간지가 가정마다 배달되고
금강산에서 왔을까, 아니 백두산일 거야
호사가들의 입에 곶감처럼 오르내리면서
호랑이에게 물려가도 정신만 차리면 된다는
호랑이를 잡으려면 호랑이 굴에 들어가야 한다는
속담이 복고풍 유행처럼 번져간다고 치자
아무도 증명할 수 없지만, 오히려 증명할 수 없어서
과연 영험한 짐승은 뭐가 달라도 다른 게로군
해마다 번연히 실패할 줄 알면서도
가슴 속에 호랑이 발자국 본을 떠오는 이들이
줄을 잇는다고 치자 눈과 함께 왔다
눈과 함께 사라지는, 가령
호랑이 발자국 같은 그런 사람이

손택수 | Son, Taek-Soo

전라남도 담양(潭陽)에서 출생(1970~).
경남대학교 국문학과 졸업.
1998년 「한국일보」 신춘문예에 시 〈언덕 위의 붉은 벽돌집〉이 당선되어 문단에 등단했다.
시집 《호랑이 발자국》(2003) 등이 있다.

무제 · 23×58㎝ · 장지에 혼합재료

구철회 | Koo, Cheol-Hoe

1998. 동국대학교 미술학과 졸
2001. 성신대학교 대학원 동양화과 졸
2008. 홍익대학교 대학원 동양화과 박사과정 수료
개인전 7회
기획전 및 단체전 50여회
2003. 동양화 새천년 선정 청년작가상 수상
2007. 미술과 비평 주최 한국미술 우수작가전 우수상 수상
2008. 경향미술대전 장려상 수상
2007~2010 국내외 아트페어 참가(서울, 상해, 홍콩, 제네바, 안산, 동경, 독일)
2001~ 강릉대, 대불대, 목원대, 성신대, 충북대 출강
현 : 국립 강릉원주대학교 출강중

산장에 비 내리다 _ 허은주

비에 세차게 얻어 맞은 푸른 나무들
퍼렇게 멍들어 가는 시간
푸른 세포들이 저마다의 자태로 떨어진다
축축한 대지에 청춘들이 누워 있다
편안한 어머니의 품속이다
내 곁에 있던 등불이 걸어간다
신비에 쌓인 저 세상을 밝히러
밖으로 나가는 등불
퍼렇게 멍든 나무에
하나, 둘 등불이 걸린다
멍든 가지에 푸른 잎새
새록새록 돋아난다
창 밖에서 나를 바라보는 등불
보름달처럼 환하게 웃고 있다

허은주 _ Heo, Eun-Joo

1995 월간『한맥문학』시당선 등단
한국문인협회 회원
한국문인협회 의정부지부 지부장
한국불교문인협회 이사 겸 의정부지부장
한국사회불교실천회 부회장
시집《사랑이 있는 풍경》
공저《밤에 우는 바다》,《문과 문 사이》,《아름다운 붕괴 지상의 따뜻한 집》
《가던 걸음에 쉼표를 찍고》,《용도 폐기처분에 관하여》,《秋月》
이메일 : hej1402@hanmali.net

Natural Dyed Silk 2010

권지은 _ Kwon, Ji-Eun

동국대학교 예술대학 미술학부 불교미술전공 졸업. 동국대학교 문화예술대학원 불교예술학과 불교미술전공 졸업. 동국대학교 일반대학원 불교미술학과 박사과정
1998년 제17회 대한민국불교미술대전 입선(작품명 : 영산회상도). 2000년 제18회 대한민국불교미술대전 장려상(작품명 : 산신도). 2008년 제4회 경향미술대전 전통예술분야 우수상(작품명 : 관세음보살도). 2009년 오사카 공모전 동상(작품명 : Meditation)
2010 12.15~2010 12.20 인사아트센터 본전시장
Art Fair : 2008년 제1회 개인전(동경도립무역센터). NIAS-2008 남송국제 아트페어(성남아트센터). 2009년 NIAS-2009 남송 국제 아트페어(성남아트센터). Shanghai art Expo 2009(SECEC-Shanghai Ever-bright Convention & Exhibition Center). B.O.A.F 베이징올림픽아트페스티벌(북경 올림픽 메인스타디움)
現 : 한국전통문학학교 전통문화연수원 강사. 한국불교미술협회 회원. 경향미술협회 회원

고운 님은 가고 _ 권지은

고운 님은 가고
돌아올 수 없는 失地에서 깊게 자고
그의 野生花도 잎이 지고
새벽 깨우던 울음소리 안 보인다.
마음 한 닢 띄워 술을 한 잔
큰 사랑 채워 술을 한 잔
가슴 속에 핏줄 속에 건네어 받던
적막 강산으로 고운 님은 가고
마흔 살 들피리 소리 멀리서 들린다.
설움의 바다로 흐르던 울음이
큰 물결 되어 돌아올 그 날에
돌아올 고운 님 발 소리 들릴까.
절룩이며 돌아올 웃음 반쪽 보일까.

카리브해의 아이들 · 8호 · 한지, 캔버스에 먹과 채색

김병종 | Kim, Byeong-Jong

국내외 개인전 20여 회(서울, 파리, 도쿄, 시카고, 브뤼셀, 베를린 등)
미술기자상, 선미술상, 대한민국 기독교 미술상, 대한민국문화상 등 수상.
피악(FIAC), 시카고(CHICAGO) 등 국제 아트페어 출품.
국내외 저명 미술관에 작품소장.
김병종의 화첩기행 등 저서 10권.
서울대 미대 학장, 서울대 미술관장 등 역임.
현재 : 서울대 미대 교수

카리브를 가며(라틴일기 3) _ 김병종

이제 카리브 푸른 바다를 만나러 간다.
지나간 청춘의 가슴 빛깔 같은
카리브 바다에 안겨 있는
라틴의 밤을 만나러 간다.

젖어드는 것이든
지워지는 것이든
사랑은 살 떨리게 하는 것이지만
그런 사랑 없어도
카리브 앞에 서는 것만으로 좋은
나그네의 여정.

돌아보면 한 생애
나그네의 길 아닌 것이 어디 있으랴.
네가 가고
내가 가고
그러면 저 생애의 끝에서
추억의 화면으로 떠오를 그런 풍경

라틴의 길 곳곳이 사랑이다.
그 길 떠나고 나면 추억이다.

김양숙 | Kim, Yang-Sook

개인전 및 초대전 15회 개최
프랑스 르 살롱전, 파리 구상미술 비평전, 이태리 PESCARELLA 전, 그룹전 및 단체전 국내외 40여 회 참가, 15년간 교직활동.
수상 : 제5회 현대조형작가상, 제8회 오늘의 미술가상, 제2회 SEAF 2000 최고상 수상.
현재 : 한국미술협회, 한 · 일 미술교류회 회원, 서울미술협회, 전업작가협회 회원.
저서 : 시집 《태양과 해바라기》, 《태양과 해바라기 그리고 나》
김양숙 화집. 1997년 『세기문학』 신인상(수필부문) 당선, 『세기문학』 신인상(시부문) 당선

불타 버린 사랑 _ 김양숙

뜨거운 사랑을 갈망했지

광솔잎 태우며 불을 지펴

그렇게 그렇게 너를 태웠지

풀썩 꺼져 버린 잿더미 속에서

너의 잔재 헤치며 찾아도

아무 흔적도 너울도 없었지

너를 사랑으로 태운다는 것이

그만 나만 태워 버리고

순환공간 I · 40×50㎝ · 아크릴

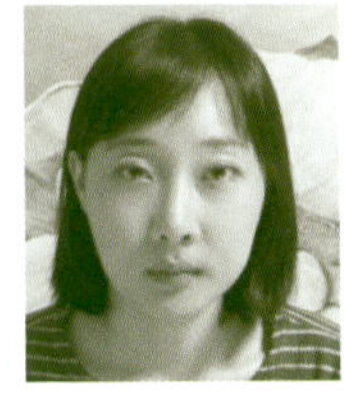

이서현 | Lee, Seo-Hyun

동덕여자대학교 회화과 졸업, 숙명여자대학교 일반대학원 회화과 졸업
숙명여자대학교 교육대학원 미술교육 졸업, 숙명여자대학교 조형예술학 박사과정
개인전 2회, 개인초대전(아카 갤러리, 토포하우스) 및 단체전 다수
부스개인전(2011 KCAF, 2010 춘추회 아트페스티발, 2009 KPAM 대한민국미술대전, 2008 아트갤러리 현 부스개인초대전, 2008 안산국제아트페어)
아트페어 : LA아트페어 부스전(LA컨벤션센터, LA), 2010
홍콩 국제 아트페어(홍콩 국제 전시관), 2009
작품소장 : 중외그룹. 수상경력 : 제1회 중외 미술대전 특선 2011
한국미술대상전 최우수상 2010
한국전통문화예술진흥협회 New-York Arirang Art-Festival 최우수작가상 2010
제7회 한성백제미술대전 장려상 2008
현재 : 대진대학교, 서울과학기술대학교 출강

하퍼의 그림 _ 이서현

에드워드 하퍼, 그림 속의
삐에로가
슬픈 눈으로 날 바라본다.

오랫동안 세상을 떠돈
내 자화상 같은 삐에로가
저보다도 더 쓸쓸한 여자를 부른다.

그림 한 점이
세상을 다 외롭게 하는 것을
외로움이 힘들어
더 이상 갈 수 없는 것을

삐에로,
우리는 혼자가 아니다.
너의 바라봄에 내가 눈 맞췄을 때
우리는 혼자가 아니다.

제주생활의 中道 · 91×117㎝ · 장지 위에 혼합재료 · 2010

이왈종 | Lee, Wal-Chong

중앙대학교 회화과 및 건국대학교 교육대학원 졸업
개인전 23회 : 서울, 부산, 뉴욕, 퀼른, 파리, 상해, 도쿄
역대 국전수상작가전(국립현대미술관)/ 한국화 100인전(호암갤러리)/ 한중미술협회 교류전(예술의전당)/ 서울국제현대미술제(국립현대미술관)/ 서울미술대전(서울시립미술관)/ 남북평화미술전(도쿄, 일본)/ 도시와 미술전(서울시립미술관)/ 0의 소리전(성곡미술관) 가나아트센터 개관기념전(가나아트센터, 서울)/ 세계평화미술제전 2000(예술의전당)/ 꿈과 일상의 중도(갤러리 현대)/ 신축 금호미술관 개관전
수상 : 제5회 월전미술상, 한국미술작가상, 제2회 미술기자상, 제23회 국전 문화공보부 장관상

서귀포에 가서 _ 이왈종

서귀포(西歸浦), 그 이름처럼
서쪽 길로 돌을수록
꿈길 같은 곳
비 맞고 있는 유채꽃 길을 지나
다시 돌아보게 하는
생의 풍경

서귀포의 비는
세상에 수채를 입힌 듯 맑게 하고
떠난 후에도 다시 닿게 하는
그리움의 노랫말처럼

떠나지 않아도
생의 한복판이 비어 있는 것 같은
바람의 동네
다시 돌아갈 길이 떠오르지 않는다.

이용애 | Lee, Yong-Ae

동국대학교 대학원 미술학과 박사과정 수료(불교미술 전공)
범패박물관 부관장, 중구문화원 이사
사) 범패와 작법무보존회 이사, 한국불교미술협회 회원
사) 우리민화협회 회원, 남구미술인회 회원

雨期의 詩 _ 이용애

잠든 사람들이 깨어나는구나.
불은 이미 꺼져서
한 편의 얼굴도 보이지 않는
어둠과 비를 함께 만난다.

황토에 묻어 버린 가슴을
하늘의 울음으로 적셔 본들
다시 눈 뜰 사랑은 없느니
깨인 눈으로 어느 길을 향할까.

어찌 어둠으로 돌아갈 수 없으랴.
그 사람 먼 동네에서
한 줌 빛마저 회수하고
바람의 길을 따를 뿐이다.

낙화여,
너처럼 나 또한 잊혀져 가는
한 시절 사랑의
물빛 귀행.

엄마의 정원 · 2010

장혜용 | Jang, Hye-Yong

서울대학교 미술대학 회화과 졸업, 동 대학원 졸업(한국화 전공).
개인전 23회(동산방화랑, 금호미술관, 예술의전당, 국립현대미술관 등)
88현대 한국화전(호암미술관). 서울 현대 한국화전(서울시립미술관). 현대미술 초대전(국립현대미술관). 동과서의 만남전(독일 뮨스터시 문화국 초대). 93 FIAC(프랑스 파리). 몬테칼로미술제 초대. 서울 600년 기념 국제 현대미술제(국립현대미술관). 95한국미술 '질 · 량 · 감' 전 초대(국립현대미술관). 96 MAC 2000참가(PARIS). 서울미술대전 초대(서울시립미술관). 아세아 평화미술제 초대(일본). 미술의 시작전(성곡미술관). MANIF 서울국제아트페어특별상 수상 기념전(예술의 전당). 상해 국제아트페어(중국). SFAF(한국미술 열흘장, 예술의 전당). 한국 · 이집트 수교 10주년 기념 교류전(카이로). 한일 현대미술교류전(일본 센다이). LA아트페어(LA, 미국). 현재 : 청주대학교 예술대학 학장(회화학과 교수)

한 줄의 편지 _ 장혜용

진실의 씨알이 달아나고 없는
헛된 말과 말의 시간을
사랑이라고 알고 있는 사람들에게

그 허망의 긴 다리를
쓸데없이 걸어간
그런 사람들에게

넉넉한 가슴으로
상대의 빈 자리를
채워줄 줄 모르는 사람들에게

진정한 용서가
더 큰 사랑의 뜻임을
모르는 사람들에게

그러나
아직도 그 사랑을
기다리는 사람들에게

나는 한 줄의 편지를 쓴다.

빛의 정원에서

전준엽 | Cheon, Joon-Yeob

중앙대학교 예술대학 회화과 졸업
개인전-LA 이민역사기념관, 뮌헨 김쉬나이더갤러리, 박영덕 화랑,
동경 갤러리아 그리피카, L.A RAPIDO KOREA 이민역사기념관,
김옥길 기념관, 청작화랑, 유나화랑, 동경 O갤러리, 다도화랑,
갤러리 서묵(한강미술관). 동경 아트페어(동경). 장은선 갤러리 개관전
2001-06 KCAF전(예술의 전당). 상해 아트페어(상해). 미술의 회복전(가나아트갤러리)
마이애미 아트페어. 팜비치 아트페어. M화랑미술제 5회 초대(예술의 전당)
수상 : 제1회 청작미술상, 제2회 마니프 국제 아트페어 특별상
제5회 한국미술작가상, 구상전 금상

어떤 날 _ 전준엽

비껴 간다고 해도
먼 등으로 나뉜다 해도
하나였던 풍경은 지워지지 않느니
바람 한 점에도 소스라쳐 깨는 것은
쫓아내지 못한 그리움 때문

다른 길을 가다가도
그 풍경으로 돌아가고 싶은 날
빗발 때문에 발길이 멎는다.
그래도 늘 달려가지
가선, 뻔한 적막을 보고 오지

돌아오며 하늘 보면
그날 같이 본 적 있는
별 하나 떨고 있다.

탄생 · 22.6×32cm · 21캔버스에 유화

정형강 | Jung, Hyung-Kang

이화여자대학교 졸업
개인전 10회 : 청학미술관, 현대아트갤러리, 청작화랑초대전, 부산롯데화랑, 예술의전당, 경운박물관, 인사아트센터 등. 1996 태국 국왕 즉위 50주년 기념초대전(태국, 방콕)/ 1997 한 · 멕시코전(Mexico City Art Museum, 멕시코)/ 1998 한국현대미술 작가 초대전(서울시립미술관)/ 2003 제3회 한국현대 미술제-KCAF(예술의전당)/ 2004 대한민국 현대미술총람(인사아트프라자갤러리)/ "한국현대미술작가선집" 출간기념전(가나아트스페이스)/ 2005 단원미술제 추천작가 초대전(단원전시관)/ 2006, 2007 제6회, 제7회 한국현대 미술제-KCAF(예술의전당)/ 목우회 창립 50주년 MIAF전-목우국제아트페스티발(예술의전당 한가람미술관)/ 2009 Kunstart 09(Bolzano Italian)/ 2010 L.A Art Fair(Los Angeles Convention Center). 수상 : 목우회 공모미술대전 3회 특선, 대한민국미술대전 1회 특선, 3회 입선, 단원미술대전 3회 특선, 제10회 오늘의 미술가상

양란과 함께 _ 정형강

묵란이 아니라도 좋구나
君子의 고고함 대신
맑고 고운 자태 있으니
그것은 묵란에는 없는 것

마음에서 피고 있는
양란의 꽃,
바람 시린 날에도 함께 있으니
君子의 정보다 깊어라.

오랫동안 널 키우며
햇살의 기쁨, 가득 얻었고
우아한 널 그리며
세월 가는 것을 잊으며 살았다.

생성 · 60×60㎝ · acrylic on canvas

정희주 | Chung, Hee-Ju

홍익대학교 미술대학 졸업. 기획 초대 개인전 18회
2011 SCOPE BASEL
2010 부산비엔날레
2003~2010/ 한국현대미술제(예술의 전당, 서울)
2006, 2007, 2010/ 시카고 아트페어(시카고, 미국)
2007, 2009/ 서울 오픈 아트페어(KOEX 인도양홀, 서울)
2008/ Asia Top Gallery 아트페어(도쿄, 일본)
2008/ Scope London(런던, 영국)
작품소장 : S-oil, 현대정유, 대구은행
현재, 서울미술협회 부이사장

내 사랑은 _ 정희주

겨울이 지나고
그가 없는
봄, 가을 지나도
내 사랑은 꽃잎 지지 않는다.
눈을 더 부릅뜨고
그리움의 가지를 뻗는다.

그는 부름도 닿지 않는
먼 날에 있지만
어떤 날에도 나는
그를 놓지 않는다.

그리움 한 묶음 病으로
시린 살을 덮으며
내 사랑은 어떤 바람도
두려워하지 않는다.

consensus · 42×47㎝ · mixed media on canvas

박필현 | Park, Pil-Hyun

홍익대 대학원 동양화과 졸업, 충북대 미술과 졸업
개인전 9회
ART SYDNEY, ART Singapore, SIPA Art expo(NYC), PURO ARTE(vigo ESPANA), SOAF(Seoul Open Art Fair), KIAF(Korea International Art Fair), Asia Open Art Fair, HONG KONG ART, SHENYANG ART FAIR. 그룹전 200여 회
대한민국미술대전 최우수상(국립현대미술관), 대한민국 미술대전 특선, 입선(국립현대미술관). 한국미술정예작가상, 춘추미술상 수상
강릉대 겸임교수, 미술협회, 춘추회, 한국화 여성작가회, 동방예술연구회, 채묵화회 회원

부활을 꿈꾸다 _ 석기영

치열한 하루를 뒤엎고
이불 속으로 들면
나는 곧 죽을 것이다
마지막 시간까지 혈투를 벌이다
사선의 경계를 넘을 것이다
타다가 남은
욕망과 미련까지
사위어 갈지라도
다시 새 생명으로 태어난다면
아낌없이
나를 던지리라
코뿔소처럼 달리다가
이 한 몸 부서진다 해도
결코 물러설 수 없는 내일이 있으니.

석기영 | Seok, Kee-Yeong

아호 伯撞
1995년 『포스트모던』 신인상으로 등단
한국문학예술 신인상 시부문 수상
한국문인협회 회원
한국문학예술상 본상 시부문 수상
포스트모던작가회 회원
2007년 중랑문학상 본상 수상
사) 대한경호무술연합회 회장
시집 : 《내 마음의 느티여울》《바람의 시인들》 외 공저 다수

meditatioin · acrylic on canvas · 40.9×27.3㎝

서경자 | Seo, Kyung-Ja

홍익대학교 서양학과 졸업. 동대학원 판화과 졸업
제2회 중국베이징비엔날레(초대작가). 제3회 중국베이징비엔날레(북경올림픽, 초대작가)
선화랑(초대전)
Carrousel De Louver(Paris, France) 개인전
성남아트센타 개인전
중국 베이징798(9 art 초대전), 일본 도쿄 Kowa(초대전), 중국 상해문화원(초대전), 팔래드서울 갤러리(초대전)
뉴욕첼시(Able Fine Art) 초대전 등 개인전 21회 아트페어 및 그룹전 200여 회

茶 _ 박태남

나를 보고 꽃 피우라 하면
청순하고 흰
茶꽃을 피우리라

나를 보고 잎 피우라 하면
사시사철 푸른 茶잎을 피우리라

나를 보고 나무가 되라 이르면
두 번 옮겨 살지 않는
茶나무가 되리라

나를 보고 무엇이 될 것인가 물으면
날마다 새 순 돋는
香 그윽한 茶밭을 가리키리라

그가 내 마음 읽으면
그를 위해
대자리 곱게 깔고
糞淸茶관에 햇차 우려
엮어갈 긴 세월
茶香처럼 살자 하리라

박태남 | Park, Tae-Nam

경상남도소속 (4급 서기관) 공무원
1991『월간 문예사조』신인상으로 등단
문학활동: 한국문인협회, 경남문인협회, 창원마산문인협회 회원. 한국펜클럽 회원, 경남펜클럽회원, 계간 동백문학 편집위원. 경남여류문학 회장 역임. 동인수필 회원. 손문연구회 국제교류회 이사.
시집 : 《새벽강에 나와 서면》(서울 영하, 94년 출판)
시평 : 〈고, 박재삼 선생님〉 그 외 〈행복을 수 놓으면〉, 외 공저 다수
신인상-시 부문 월간 문예사조, 동백문학상-동백문화재단, 우수시인상-한국자유시인협회
경남대학교 행정대학원 사회복지학과 사회복지석사 졸업(사회복지사1급)

향기-복숭아 · 70×70㎝ · oil on canvas

손만식 | Son, Man-Sik

대구대학교 미술대학 회화과 졸업. 영남대학교 교육대학원 미술교육과 졸업
개인전, 초대개인전 21회(서울, 대구, 부산, 부천, 청도)
아트페어 다수(리스본, 상하이, L.A, 라스베가스, 싱가폴, 홍콩, 골프페어, 대구아트, SOAF, KCAF, 부산국제아트페어, 남송국제아트쇼, 봉산미술제, 화랑미술제, 메트로 봄맞이미술제)
아트빌리지 서울과 만나다(서울미술관 2011). 한국구상대제전(서울 예술의전당 2011). 선화랑 삼십주년 기념전(서울 선화랑 2010). 영남의 맥(포항 시립미술관 2010). 장이규, 손만식 초대전(동우갤러리 2010). 오픈옥션 선정작가전(서울 루미나리에 갤러리 2009). 한국정예작가 중국교류전(중국 청도미술관 2009) 외 단체, 초대전 150여 회
현) 한국미술협회 회원, 표상회 회원; 경북미술대전 초대작가, 소사랑미술대전 운영위원장 역임

인생 향기 _ 이필정

인생 향기를 맺는
열매의 씨앗을 뿌리고
가꾸는 기쁨이야말로
우리가 살아가는 진정한
행복의 근원일지라

살아가면서
아름다움을 발견하고
지고지선(至高至善) 희열을 느끼는
순수와 열정이 엮어내는
인생 향기

가까운 사람과 따뜻한
차(茶) 한 잔 마주 놓고
무연한 정담을 나눌 때
서로를 오가는 다향(茶香)의
향기가 물씬 묻어나
삶의 의미를 깊게 한다.

이필정 | Lee, Pil-Jeong

경기도 의왕 출생
초당대학교 토목공학과 졸업
『포스트모던』 신인작품상 시당선으로 등단
한국문인협회, 국제펜클럽 한국본부 회원
한국문화예술상 수상(포스트모던 시부문)
의왕시민대상 수상(문화예술부문)
주식회사 공간지적측량 대표이사
저서 : 시집 《세상에서 아름다운 것들》 《들길을 가면》 《향기로운 여정》 《아름다운 여정》 등

평화 · 33.5×24.5㎝ · mixed media on canvas

양태석 | Yang, Tae-Seok

국내외 개인전 및 초대전, 단체전 다수
수상 : 1979 국전 한국화부 특선 및 입선(28, 29, 30회). 1984 동경 아세아현대미술대전 초대작가상. 2008 제5회 한국의 아름다운 얼굴 20人 선정 이노베이션 기업브랜드 대상. 특별기획브랜드대상 문화예술부문 대한민국 경영혁신 대상 수상. 제1회 소운문학상 수상
신라미술대전 동양화분과 위원장, 세계미술연맹 심사위원장, 성동미술협회 회장 역임, 종로미술협회 고문, 삼원미술협회 고문, 소림문화학교 고문, 해청미술관 고문, 한국미술협회 고문, 인사전통문화보존회 고문, 한국서화교육협회 심사위원장, 목우회 공모전 동양분과 위원장, 이명박 대통령후보 문화예술 고문, 오늘회 부회장, 한국미술가교류협회 이사장, 원소회 회원, 21한국화회 부회장, 동양미술연구회 회장, 한국산수화회 회장 역임. 강남미술대전 심사위원장, 무등미술대전 운영위원, 한국 불교 지장회 회장, 대한민국 서법예술대전 심사위원장, 고려대학교 사회교육원 교수 역임 등

고향 _ 양호

음미하면 할수록 감칠맛 나는
가슴 하나 가득한 그리움이
지나버린 시간 속으로 거슬러 올라가게 한다

대청마루 밑의 비밀창고
풋사랑의 아련함이 달려 있는 느티나무
막걸리 한 잔에
세상의 고뇌를 짊어지고
그 무게에 한 발자국도 나가지 못하던 시간들
다시 만나고픈 시간이다

고향
어머니 품속 같은 고요 속에서
깨어나지 않는 잠에 빠지고 싶다

양호 | Yang, Ho

경남 진주 출생
월간 『문학공간』 등단
국제펜클럽 한국본부 회원
경기문인협회 사무차장(전)
성남문인협회 기획실장(전)
수상 : 『문학공간』 신인상 수상, 경기문학상(공로상) 수상
저서 : 《잃어버린 사랑을 찾아서》《추억여행》《한 잔의 꿈》《그물에 걸리지 않는 바람과 같이》외 공저 다수

빛 · 33.4×24.2㎝ · acrylic on canvas

엄성희 | Yum, Sung-Hee

대구 계명대학 미술학부 졸업
인천가톨릭대학교 종교미술학부 회화과 졸업
개인전 5회. 그룹전
터키아트페어, LA아트페어, 브라질 상파울루, 북경, 일본, 남미 등 국내외 교류전 다수
수상 : 한국미술대전(95년, 96년, 92년) 입선, 특선. 목우회 입선 외 다수
소장 : 포스코(주)100호 소장. 울산시청
현재 : 한국미술협회, 서초미술협회, 서울아카데미 회원

길 _ 한귀남

언제부터 그 길을 걷고 있었나
게을음에 지쳐
가끔은 멈춰 섰다가
다시 걷는 길
생각이야 산을 넘듯이
강을 건너듯이
지친 어깨 허공에 기대면
공허한 길
한 발자국 두어 걸음 운명처럼 가는 길
관절도 시린 궂은 날
그리움마저 놓고 싶은 날

한귀남 | Han, Gwee-Nam

1944년 함경남도 홍원군 출생
동명여고 졸업. 연세대 문예창작과 수료
계간『포스트모던』시 등단(1993)
계간『지구문학』소설 등단(1999)
지구문학작가회의 부회장(2003~2009)
한국문인협회 문학사료위원(2007~2010)
한국문인협회 권익옹호위원(2011~)
시인통신 경영(1984~2008)
저서《간 큰 남자 길들이기》(1995)

동행 · 35×35㎝ · 천, 아크릴, 먹

왕 열 | Wang, Yeol

홍익대학교 미술대학 동양화과 졸업. 홍익대학교 대학원 동양화과 졸업. 홍익대학교 대학원 미술학 박사. 개인전 43회(중국, 일본, 독일, 스위스, 미국, 프랑스 등)
동아미술제 동아미술상 수상(동아일보사). 대한민국미술대전 특선 3회(국립현대미술관). 대한민국미술대전 심사위원 역임. 한국미술작가대상(한국미술작가대상 운영위원회)
단체전 420여 회
작품소장 : 국립현대미술관, 경기도미술관, 대전시립미술관, 미술은행, 성남아트센터, 성곡미술관, 홍익대학교 현대미술관, 고려대학교 박물관, 워커힐 미술관, 갤러리 상, 한국해외홍보처, 한국은행, 동양그룹, 경기도 박물관, 한국종합예술학교, 단국대학교, 가톨릭대학교, 채석강 유스호스텔, 호텔프리마, 천안시청, 천안세무서, 한남더힐 커뮤니티센터.
현) 단국대학교 예술대학 동양화과 교수

木魚 _ 홍사성

속창 다 빼고
빈 몸 허공에 내걸었다

원망 따위는 없다
지독한 목마름은 먼 나라 얘기

먼지 뒤집어써도 그만
바람에 흔들려도 알 바 아니다

바짝 마르면 마를수록
맑은 울음 울 뿐

홍사성 | Hong, Sa-Sung

강원도 강릉 출생. 동국대학교 불교학과 졸업.
「불교신문」 주필, 『불교평론』 주간, 불교TV 제작국장, 불교방송 상무 등을 역임하고, 현재 시 전문지 『唯心』 주간과 계간지 『불교평론』 편집인으로 활동하고 있다.
2007년 『시와시학』 추천으로 문단에 등단하여 시집으로 《내년에 사는 법》(책만드는집, 2011)과 교양서 《부처님은 이렇게 말씀했다》 외 다수를 상재하였다.

윤회 · 34×40㎝ · 한지, 석채, 분채

우재연 | Woo, Jae-Yeon

한성대학교 미술대학 회화과 및 동 예술대학원 졸업
개인전 5회
스트라스부르크 아트페어(프랑스)
서울-도쿄 여성이 본 한국과 일본(주일 한국대사관 한국문화원 갤러리 MI)
East Meets West(버지니아), 광화문&천안문 아트페스티벌(갤러리 T&G)
현대 한국화의 새로운 비전(가나공화국)
한국여성화가 특별 초대전(LA 한국문화원)
새천년 대한민국의 희망전(국립현대미술관)
1999 방글라데시 비엔날레(방글라데시 실파카바라)
현재 : 강릉원주대학교 강사, 한국미협, 한국화여성작가회, 춘추회 회원

물의 질감 _ 손희자

강섶 벤치에 앉아 구름을 주무르다
바람의 알갱이가 되어
꽃 이파리에 넋두리를 하지
사선으로 내리치는 빗방울들이
유리창에 부딪혀 혼절하다 흩어져
나무 물관을 타고
습윤의 질감으로 나긋나긋
푸른 문장을 표절하곤 하지
봄 여름 가을 그리고 겨울의
바람소리 빗소리 새소리 소리 소리들을
손이 닿지 않는 아득한 꿈길에서
눅진한 고요가 달빛을 끌고 와
詩의 씨앗을 뿌려 놓기도 하지
누가
강물에 빠져 허우적거리는
벼랑과 하늘과 구름과 새의 그림자와
몰캉거리는 내 사고의 모서리를
하늘 끝자락에 매달아 줄 것인가

손희자 | Son, Hee-Ja

한국문인협회 회원
국제펜클럽 한국본부 회원
한국문협지회지부협력위 간사
남양주문협 사무국장
바림시 동인
시집 : 《가끔 꽃물이 스민다 그 외딴 집》
수상 : 중랑문학상, 경기도문학상

사유공간 · 28×16㎝ · 한지에 묵

원문자 | Won, Moon-Jah

제19회 국전(국회의장상 : 1970). 제25회 국전(대통령상 : 1976)
서울미술대전(서울시립미술관, 1986~2005)
Solon D Automne(France Grand Palais, 1993)
Contemporaines(Peinture Sculpture) France Elffel-Branly, 1994
아세아주 여류화가 대전(홍콩 City Hall 전람청), 1995
'96 중앙 비엔날레 초대전(서울시립미술관), 1996
MANIF SEOUL '96, MANIF 11－05 SEOUL, MANIF 12 －06 SEOUL(예술의전당 미술관)
제8회 석주미술상 수상, 1997
제10회 인도 트리엔날(Lalit Kala Akademi, 뉴델리, 인도), 2001
제18회 대한민국 기독교 미술상, 2005
현 이화여자대학교 조형예술대학 동양화과 명예교수

산길은 세월이고 생명이다 _ 이개호

호루라기 외침 위에
우두둑 달려가는 발자국 소리
그러고
바리깡을 댄 머리카락
민중의 지팡이는 그렇게 산길을 내었다.

흐트러진 머리카락에
물 흐르는 순서가 있다.
아무도 인정하지 않는 질서로
최불암의 가르마는 산길이다.

꼿꼿한 교수님 이마를 뛰어 넘어
찬 바람에 불타 버린 자국
결국은
나이들만 헉헉대듯
숨 가쁘게 산길을 찾아간다.

산길이 세월이고 생명이다.
나에게도 그렇다.

이개호 | Lee, Gae-Ho

광주 금호고등학교 졸업(1977)
전남대학교 상과대학 경영학과(경영학사, 1981)
제24회 행정고시 합격(1980), 국세청, 전라남도 행정사무관(1981~1992), 전라남도 어정과장(1992), 농업정책과장(1994), 총무과장(1995), 기획관(1996), 김대중 대통령 인수위원회 행정관(1998), 전라남도 목포 부시장(2000), 관광문화국장(2001), 자치행정국장(2001), 여수 부시장(2003), 전라남도 기획관리실장(2005), 행정안전부 자치경찰기획단장(2006), 공무원 노사협력관(2007), 기업협력지원관(2008), 전라남도 35대 행정부지사 취임(2009. 7), 전라남도 35대 행정부지사 퇴임(2011. 10. 17)
저서 : 《나는 산으로 간다》(2001. 6. 도서출판 산하)

秋韻 · 21×27.5㎝ · 한지에 채묵

이광춘 | Lee, Guang-Chun

노신 미술대학 국화계. 서울대 대학원 동양화과 석사 졸업. 홍익대 회화과 박사 학위 수여
개인전 22회. 단체전 150여 회
중국 흑룡강화원 전직 작가(과거)
현재 : 경기대 한국화학과 교수, 서울미협 부이사장
수상 : 중국 제6회 전국미전 동메달상. 흑룡강문연 특수 공헌상. 구상전 특선상
작품소장 : 국립중국미술관, 중국예술박람, 選아트센터, 가나화랑, UN총부, IOC총부, 청와대, 백악관, 삼성, 현대, GS, 한화, POSCO, 대우, 롯데, 쌍용건설, 제일기획 등 그룹과 기업

바다가 그리우면 조개를 산다 _ 석정희

바다가 그리우면
조개를 산다
다문 껍질 속에
바다를 물고 있는
조개를 산다
그 속에 감춘 속살
탐내는 사람들
석쇠에 굽고 삶아도
먼저 바닷물 토하고
피를 쏟는
조개를 산다
모래에 묻혀
생명을 키워 온
둥근 몸에 품은 바다
바다가 그리우면
나는 조개를 산다
사람들 북적이는
수퍼에서
큰 조개를 고른다

석정희 | Suk, Chung-Hee

〈Skokie Creative Writer Association〉 영시 등단
『창조문학』 시 신인상
한국문인협회, 국제펜클럽 한국본부 회원
한국문학예술진흥회 이사
미주크리스찬문협 사무국장 역임
미주한국문인협회 이사 및 편집국장
제4회 한국농촌문학상 해외특별대상 수상
제14회 한국문학예술상 수상
시집 《문 앞에서》 《나 그리고 너》

하얀 추억1 · 30×30㎝ · acrylic on canvas

이선현 | Lee, Seon-Hyun

2011 시차전, 아미 미술관, 당진
2011 시차전, 갤러리 Palais de Seoul, 서울
2009 St-Art , Parc Expo. 스트라스부르그
2008 Europ' Art, Palexpo, 제네바
2008 나그네, 아카 갤러리, 서울
2007 Transparence, 주 프랑스 한국문화원, 파리
2005 Salon International, Espace St.-Martin, 파리
2003 첫 번째 여행, 갤러리 Samson, 스와니지
1999 영국 소더비 주최 Chichester Open Art전, 체체스타
1999 일곱 번째 방, 갤러리 Rowley, 런던

아버지의 기도 _ 손민수

아들아 네가 첫걸음 놓을 때
세상 모난 돌에 베이지 않도록
또 다른 사람을 위해
그 돌 치우며 가는 사람 되라
머리 숙여 기도했다

딸아
네가 첫 눈뜰 때
꽃처럼 예쁘고 나무처럼 쑥쑥 자라
고운 심성 바른 몸가짐
사람과 나누며 살아가라
손 모아 기도했다

너희들은
세상의 빛
세상의 소금
제때 제자리에 쓰이도록
새벽이나 한밤중에도
무릎 꿇어 기도했다.

손민수 | Son, Min-Soo

서울 성동 출생
성균관대학교 경영학과 수료
『신문예』 신인상으로 등단
한국문인협회 회원
국제펜클럽 한국본부 회원
'송파시' 동인회 회장
좋은문학상 본상 수상
제11회 한국문학예술대상 수상(2005)
시집 《아버지의 기도》(한누리미디어, 2007), 《아버지의 땅》(한누리미디어, 2009)
중앙농협은행 이사

yellow harmony · 409×31.8㎝ · oil on canvas

이 영 | Lee, Young

충남대학교 졸업. 경기대학교 조형대학원 서양화과 졸업
개인전 및 아트페어. part, 학고재, 아트링크. 예술의전당, 세종문화회관, 코엑스, 부산벡스코 미국, 독일, 프랑스, 중국, 필리핀.
2011-2010-2009 화랑미술제(서울, 부산), 칼슈르헤 아트페어(독일). 2011 2009 KCAF(서울, 예술의 전당). 2011 AHAFHK11(홍콩). 2010-2009 KIAF(서울, 코엑스). 2010 대구 아트페어(대구, 엑스코), 퀼른21 아트페어(독일), 봉산미술제(대구), 어울림호텔 아트페어(아산), LA art show(미국). 2009 SOAF(서울, 코엑스), 베를린 아트페어(독일), ALTO호텔 아트페어(부산), 제네바 아트페어(스위스) 외 다수
예원예술대학교 문화예술대학원 출강

굽은 나무도 멍에가 된다 _ 정원

내 몸통보다 굵게
휘어진 나무는
들보로 중방으로 쓰이고
내 팔뚝 굵기로 갈라진 나무는
작대기로 바지랑대로

내 허벅다리 정도로 벌어진 나무는
지게가 되고 끙게가 되고
내 엄지발가락 두께로 비틀어진
머루 다래 넝쿨도
소코뚜레 감으로 쓰이는데

곧은 재목도
굽은 나무도 되지 못한
내 생나무 등걸은
언제쯤이나
구들장 단내 나도록 군불 지필
고지박이라도 될는지

정원 | Jung, Weon

본명 : 정정자
경기도 안성에서 출생. 중앙대예술대학원 문예창작전문가과정 수료
『월간문학』 신인상으로 등단
혜산 박두진 문학상 수상
한국문인협회 회원. 한국시인협회 회원
강동노인종합복지관 문예강사. 송파노인종합복지관 문예강사
문화해설사, 생태해설사. 실버넷뉴스 기자
시집 《굽은 나무도 멍에가 된다》(한누리미디어, 2011)

추억여행 · 53×33.4㎝ · oil on canvas

이정석 | Lee, Jung-Suk

전남대학교 예술대학 미술학과 및 동 대학원 졸업
개인전 10회(서울, 광주). LA. 국제아트페어(2011. LOS ANGELES CONVENTION CENTER). 대동미술상수상작가전(2011. 대동갤러리). 비엔날레기념특별전 "다섯 개의 샘" (2010. 광주시립미술관 금남로분관). 한국구상대제전(2010. 예술의전당 한가람미술관). 불휘깊은전(2001~2011. 남도예술회관 外). 신작전(2002~2011. 세종문화회관 外). 한국파스텔협회전(2003~2010. 세종문화회관 外). 시현회전(2004~2010. 인사아트갤러리 外). 무진회전(2004~2010. 조선일보 갤러리 外). 대한민국현대인물화가회전(2009~2010. 서울아트센터 공평갤러리 外)
現 : 한국미협, 강남미협 이사. 광주미협. 파스텔화 공모전, 광주광역시전 심사위원 및 운영위원 역임. 전라남도 미술대전 초대작가, 현대백화점 압구정본점 문화센터 강사

꽃은 참 아팠겠다 _ 이희숙

사철 꽃을 볼 수 있는
샐비어를 베란다에 심었다

혼자서 피고 지고, 또 피어
아무도 보아주지 않아도 투정부리지 않고
꽃잎은 고요하다

텅 빈 집에서 묵묵히
집 비운 채 멀리 여행에서 돌아오면
꽃은 활짝 피어 반긴다

너도 참 아팠겠다

한겨울 지나고도
꽃, 줄기로 팽팽히
속내 감추고는
꽃피울 속을 앓는다

또 한철 지나면
외로움을 삭이고 있을지 어쩌면
시뻘건 불꽃이 타오르고 있을지
그 속도 새카맣게 타고 있을지

이희숙 | Lee, Hee-Sook

밀양 아랑문화제, 삼일문화제, 열린문학상, 용인 시민백일장 등을 수상, 『자유문예』로 등단
저서 : 《詩가 있는 세계기행》, 《여자여 너를 대접하라》, 《꽃은 참 아팠겠다》
공저 : 《꾼쟁이 1, 2, 3》 등
구성의 노래(작사 이희숙, 작곡 신귀복 구성동에서 CD 제작 배포)
허수아비 산장, 무밥 : 작사 이희숙, 작곡 김성곤.
시 낭송가로 9.28수복 행사, 자유연맹 행사, 법무부 범죄예방행사, 조선일보 재능나눔, 라이온스회원과 함께하는 시낭송, 다양한 문화행사 시낭송 등.

산 MOUNTAIN · 22.7×24.7㎝ · 천배접에 먹과 아크릴

전래식 | Chon, Nae-Sik

중앙대학교 대학원 졸업
제1회 대한민국 미술대전 대상 수상
개인전 18회 개최(선화랑 외)
국제수묵화대전 등 해외 전시 38회 참가
한국 현대회화전(호암갤러리) 외 300여 회 출품
중학교 3학년 미술교과서 작품수록(교학사)
대한민국 미술대전, MBC 미술대전, 부산 미술대전, 전국 대학미전 운영위원, 심사위원 역임
동아대학교 예술대학 교수 역임

천국 _ 남재우

내 맘에 평화 있고
기쁨 있으면
얼굴이 환하게 꽃 피고

내 영혼이 밝고 깨끗하면
어두운 곳 피하고
밝은 곳 찾게 되지

내가 손 내밀어 도움 주면
준 만큼
되돌아온다네

내가 대접받고 싶은 대로
먼저 행하면
여기가 바로 천국!

남재우 | Nam, Jae-Woo

1954년 경기도 양주 출생
동국대학교 정외과 및 대학원 행정학과 졸업
(행정학 박사)
환경부 정책총괄과장, 감사관, 영산강유역환경청장
중앙환경분쟁조정위원장 역임
(현) 한국폐기물협회 회장
2005년 『포스트모던』 신인문학상 시 당선

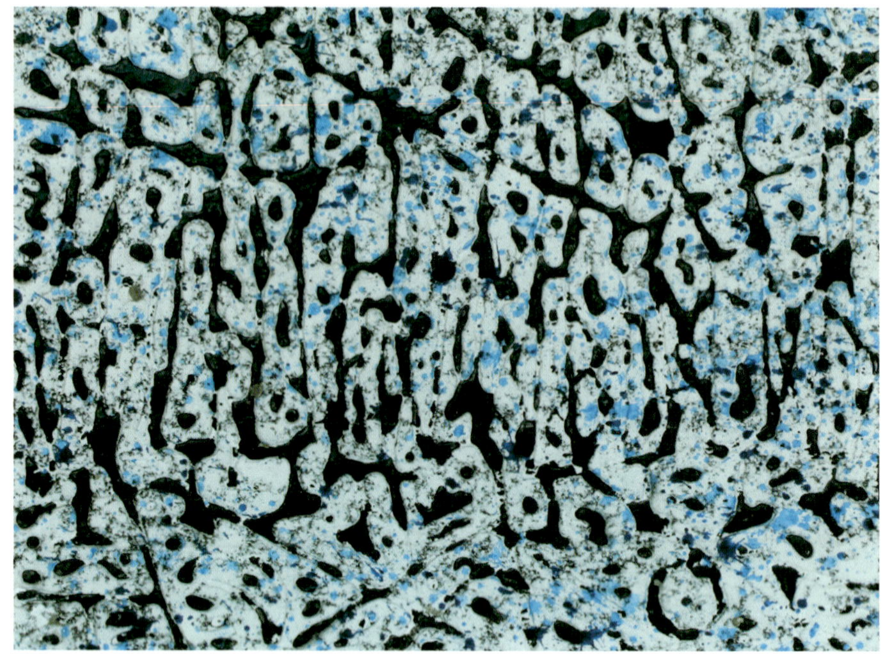

소리-사람과 사람 · 40×30㎝ · mixed media

전 준 | Cheon, Joon

1965 서울대학교 미술대학 조소과 졸업
1979 캘리포니아 주립대학교 LA 대학원 졸업
개인전 11회(1976~2008) 및 주요 단체전 300여 회
국립현대미술관장상(10회)
문화공보부장관상(24회)
대한민국 환경미술상(1993)
김세중조각상(1997)
마니프 대상(2006) 수상
현재, 서울대학교 미술대학 명예교수

지하도에서 _ 민경옥

지하도로 천천히 내려가다 보면
계단 입구 혹은 중간쯤에서
부러진 등걸 같은 사람이 있다
몸은 계단에 풀 붙인 듯 납작하고
구걸할 깡통만 바짝 고개를 들고 있다
돈보다 자주 헛바람만 들락거리고
쓸데없는 눈길만 훑고 지난다
이 하루 운 좋게
한 끼 때웠다 하자
주운 꽁초로 입가심을 했다지만
내일은 여기를 뜰 수 있겠나
사람이라면 분명 갈 곳이 있어야지
무슨 고향이라도 되는 듯
무슨 집이라도 되는 듯
눈화살 쏘아대는 허공으로 돌아온다

민경옥 | Min, Kyung-Ok

호는 한별. 강원도 홍천 출생
2008년 『지구문학』(시부문) 신인상 수상, 제15회 한국문학예술상 본상 수상.
체육관 운영(관장)
재경 홍천군민회 부회장 역임. 재경 홍천초중고대 총동창 회장. 재경 홍천화양회 회원
「노을」 동인 부회장. 「송파시」 동인 부회장
한국문인협회 회원. 지구문학작가회의 회원. 한국불교문인협회 회원
시집 《늦게 뜬 별》

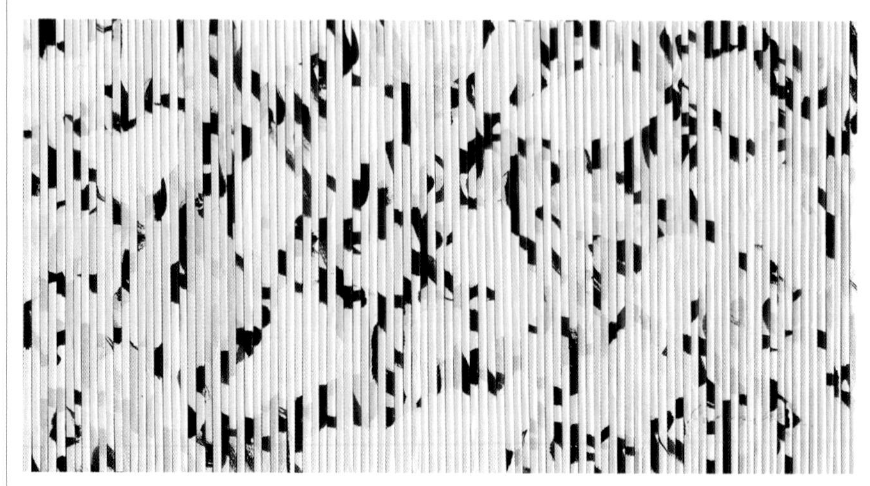

아는 것 잊어버리기 · 43.5×27.5㎝ · 한지에 수묵

정광희 | Jeong, Gwang-hee

호남대학교 미술학과 졸업
중앙대학교 예술대학원 조형예술학과 졸업
5회 개인전(가나아트스페이스, 닥터박갤러리, 광주신세계갤러리)
2011 태양과 달빛전(갤러리 거락)
2011 내외지간전(광주시립미술관)
2010 새만금 깃발축제(새만금 현장)
2010 제1회 아르코 지역네트워크전(아르코미술관. 광주시립미술관)
2009 쾰른 21아트페어(EXPO XXI-독일쾰른)
2008 화랑미술제(예술의 전당 한가람 미술관)
2007 제1회 인사미술제(윤갤러리)

홀로 걷고 있는 나를 _ 이승일

보이지 않는 것이 있기에 기다려야 하고
믿을 수 없는 것이 있기에 찾아야 하고
두려워하는 것이 있기에 견뎌야만 한다

때로는
몸이 찢기는 아픔 속에서 나를 더욱 움직이고
뼈가 깨지는 움직임에서 나는 일어선다
심장이 터지는 나의 한계를 넘어야 한다

나는 홀로 걷고 있다
내 마음 속 너무나 많은 내가 있기에
나를 모두 버리고
오직 홀로 걷고 있는 나를 위해

이승일 | Lee, Seung-Il

무학연구소 소장
문무원 원장
사) 대한경호무술연합회 상임부회장

Composition · 6호 · 한지, 먹

정선진 | Chung, Sun-Jin

이화여자대학교 미술대학 동양화과 및 동 대학원 졸업
1994~2010 개인전 8회
1988~2000 대한민국 미술대전 특선 2회 및 입선 7회
1991 스페인 작가 초대전, 스페인 바르샬로바
1998 아시아 현대 미술전, 일본 동경 현대미술관
2005 한국 미술 여성작가 부채그림 독일전, 독일 문화 홍보원
2006 상해 아트페어, 상해 아트센터
2009 스위스 제네바 아트페어, 제네바 PALEXPO
2010 독일 칼스루헤 아트페어
1994~2006 이화여대 미술대학 강사

내 마음 어떻게 전할까 _ 김말분

창가 나뭇가지에 작은 새 한 쌍
너무 반가워 살며시 다가가면
어느새 포르르 사라진다
내 마음 어떻게 전할까

찻잔 앞에 놓고 눈물만 보이던 그대
위로의 한 마디 찾지 못하고
뒷모습 보였던 마지막 그날
내 마음 어떻게 전할까

지난 밤 꿈속에 술잔만 기울이던 그대
떨리는 내 손 잡지 못하고
스르르 멀어만 가던 슬픈 눈동자
내 마음 어떻게 전할까

사랑했었다
어떻게 전할까

김말분 | Kim, Mal-Bun

아호 : 침향(沈香)
김해 대동중학교 졸업
경남여자고등학교 졸업
『詩와 수필』 등단
신서정문학회 회원
한국문인협회 회원
한국불교문인협회 부회장
시집 《내 마음 어떻게 전할까》(한누리미디어, 2011)

Fantasy-Memory1 · 50×50㎝ · 한지에 채색

허정화 | Huh, Jeong-Hwa

숙명여자대학교 회화과(동양화 전공) 및 동 대학원
독일 뒤셀도르프 미대 수학
숙명여대 조형예술학 한국화전공 박사
개인전 21회(일본, 시드니, 독일, 파리, 런던 등)
한국미협 이사
한국화 여성작가회 국제부 이사
전업미술가협회 이사
숙명여대 교육대학원, 대구대 출강

돌의 꽃 _ 윤충선

세상 어떤 노래가
이토록 너와 날 위해 소곤거릴까
소리 없는 고독만 간직한 채
돌피리에 입술을 맞대고
저녁 방파제에 앉아
태초의 말씀을 전해 주는 바윗돌의
노래를 듣는다

물결에 잠긴 노을을
돌은 몇 번이고 삼키며
파도를 뒤로 한다
사랑이 떠난 뒤 남는 아쉬움의 이유
인생이란 파도에 휩쓸리는
물결인가 물어 본다
늦도록 섬은 대답이 없다

윤충선 | Yoon, Chung-Sun

전남 여수 출생
한국문화와 문학타임 신인상, 문학시대 신인상, 새시대문학 신인상 등단
한국 문화와 문학타임 부회장
부산불교문인협회 회원, 한국문인협회 회원
동래차밭골 시사랑회 사무국장
한국해석동호인 총연합회 총무국장
조선사기장 연구회 감사
기장군 수석인 문화협회 문화교류위원장, 해암갤러리 대표
시집 《돌의 꽃》(한누리미디어, 2011)

나의 풍경 0840 · 63.3×46㎝ · oil on panel

황용진 | Hwang, Yong-Jin

1978 서울대학교 미술대학 회화과 졸업. 1983 서울대학교 미술대학원 서양화전공 졸업
개인전 : 1988 갤러리 현대 외 서울, 동경, 뉴욕, 시드니 등 17회
주요단체전 : 2007 한국국제아트페어(코엑스, 서울). 2007 한국미술의 중심(한국미술센터, 서울). 2008 한국현대판화(국립현대미술관, 과천). 2008 아트싱가포르 · 2008 선택 싱가포르(싱가포르). 2008 서울미술대전(서울시립미술관, 서울). 2009 영아트 타이페이(대북국제당대예술박람회). 2010 KIAF(코엑스, 서울)
작품소장 : 국립현대미술관, 호암미술관, 대영박물관, 서울시립미술관, 경기도미술관, 모란미술관, 서강대학교, 쌈지미술관
현재 : 서울과학기술대학교 조형예술과 교수

운석의 기억 _ 이정은

깜깜한 우주 속을 배회하는
딱딱한 운석이 되어 버린 기억

지워진 기억도 지우고픈 기억도
자기 쇠퇴하여

방황하는 운석이 되어
생명 없이 떠돈다

형체 없는 기억은
유형의 운석이 되었다

태초에 사랑이 있었다고 한다
태초에 의지가 있었다고 한다
태초에 마음이 있었다고 한다

그 운석은 단지 광물
먼 과거, 무슨 기억이었는지 알 수 없다

이정은 | Lee, Jeong-Eun

시인, 한국현대시문학연구소 연구위원
1981년 출생. 2006년 연세대학교 사회과학대학 신문방송학 전공. 청록파 박목월 시인의 제자 유승우 문학박사(한국현대시인협회 이사장) 추천으로 시문단에 등단. 2010년 가을, 시집 《나무와 별》을 출간. 타고난 시재와 서정성으로 원로시인들의 환영을 받으며 반향을 불러일으킴. 특히, 청록파 조지훈 시인의 단아한 시풍을 새롭게 재해석한 고전적인 가편이라는 평론계의 호평. 청록파 박두진 시인의 제자 홍윤기 문학박사(국제뇌교육종합대학원 석좌교수)의 제의로 한국현대시문학연구소 연구위원으로 활동. 시문학계의 주목을 받으며 문학성을 인정받음. 2011년 봄, 시집 《입맞춤》을 출간. 현재 이문열 작가의 부악문원에서 시가 〈아랑가〉와 새로운 작품을 준비하고 있다. 제15회 한국문학예술상 본상 수상.

李根培 詩書畫

살다가 보면

엮은이 / 김종천
펴낸이 / 김재엽
펴낸곳 / 한누리미디어
디자인 / 지선숙

121-840, 서울시 마포구 서교동 395-13 서원빌딩 2층
전화 / (02)379-4514, 379-4519
Fax / (02)379-4516
e-mail/ hannury2003@hanmail.net

신고번호 / 제300-2006-61호
등록일 / 1993. 11. 4

초판발행일 / 2011년 12월 26일

값 15,000원

ISBN 978-89-7969-415-4 03650